BENJAMIN FABRE

COMMENT DEVENIR UN PARFAIT FAYOT AU BUREAU

TUT-TUT

Un fou rire par jour ?
Inscrivez-vous sur le blog **tut-tut** :
recevez une histoire drôle par jour,
pour bien commencer la journée !
www.tut-tut.fr
et abonnez-vous à notre page Facebook
www.facebook.com/EditionsTutTut

Corrections : Anne-lise Martin

Illustrations : Albert

17 rue du Regard
75006 Paris – France
info@tut-tut.fr

ISBN : 978-2-36704-010-3

À tous les boss que j'ai eus dans ma vie.

« Que pour être efficace il faut cacher ses intentions ! »
Machiavel

« L'hypocrisie est seulement un hommage à l'intérêt. »
Eduard Douwes Dekker

« Baise la main que tu ne peux couper. »
Abu Shakour

« Merci patron ! Merci patron ! »
Les Charlots

« Si la vanité est le moteur de l'humanité, la flatterie en est le lubrifiant. »
Jerome K. Jerome

SOMMAIRE

INTRODUCTION

Le fayotage au bureau est un art noble et délicat. Bien pratiqué, avec finesse et tact, il donne des fruits merveilleux. Dans tous les pays du monde, dans toutes les cultures, les bons fayots tirent admirablement leur épingle du jeu : ils sont adorés de leur hiérarchie ; ils sont mieux payés que la moyenne ; ils échappent aux missions les plus ingrates et, au fil des années, ils montent en flèche dans les organigrammes sans jamais se tuer à la tâche.

Hélas. Pour tout un tas de raisons liées à l'Histoire, le fayotage au bureau souffre d'une image épouvantable. Les fayots sont mal vus. Ils sont méprisés par leurs collègues, raillés, montrés du doigt. Si la loi le permettait, ils seraient bastonnés dans les cantines d'entreprise et lapidés à coups de capsules Nespresso usagées.

C'est la raison pour laquelle, de nos jours, tant de travailleurs répugnent à fayoter. Terrorisés à l'idée de perdre la cote auprès de leurs collègues, mais aussi au nom d'une fierté plus ou moins bien placée, la plupart des gens s'abstiennent de jouer les fayots et agissent en dépit du bon sens. Ils préfèrent se tirer des balles dans le pied à longueur d'année, regarder leur carrière pourrir à petit feu et leur famille se cogner la tête dans des deux-pièces minuscules plutôt que de faire un petit compliment de rien du tout à leur supérieur hiérarchique. C'est navrant.

Ce livre est un appel à la raison. Travailleurs de tous les pays, cessez de vous comporter comme des crétins. Flanquez vos scrupules au vide-ordures et songez un peu à votre intérêt. Prenez la vie professionnelle du bon côté, et le bon côté, que vous le vouliez ou non, sera toujours celui de vos chefs. Fayotez, fayotez sans réserve ! Vous irez mieux. Vous cesserez de gaspiller votre énergie dans des actions de bravoure grotesques. Vous travaillerez deux fois moins. Et votre carrière ressemblera enfin à quelque chose.

J'ai énormément observé les fayots. J'ai moi-même pratiqué, je l'avoue, le fayotage à un niveau honorable. Certains fayots sont si talentueux, si virtuoses, que j'ai eu envie de prendre note de leurs meilleures techniques, de leurs meilleurs trucs, et de les faire connaître au monde entier. C'est l'objet de cet ouvrage. Un ouvrage grave, salutaire, que la totalité de la population active devrait posséder par-devers elle, ce qui nous ferait environ 28,4 millions de ventes rien qu'en France et donnerait un joli ballon d'oxygène à mes finances ainsi qu'à celles de mon éditrice.

Une fois que vous aurez lu cet ouvrage, vous aurez toutes les cartes en main pour agir moins bêtement que vous ne le faites aujourd'hui. Vous cesserez de critiquer la stratégie de l'entreprise, de quémander des augmentations le lundi matin ou de crier à tue-tête que vous méprisez le squash alors que votre boss y joue chaque matin à 7 heures. Vous anticiperez les situations avec trois ou quatre coups d'avance. Et vous y trouverez un plaisir infini.

Inutile de se perdre en préceptes et en commandements. Le fayotage, c'est l'intelligence des situations. Dans les pages qui suivent, nous allons nous délecter des meilleures pratiques, inspirées des plus grands fayots de ce monde, à travers cinquante situations professionnelles emblématiques.

Mais avant cela, battons en brèche les préjugés infects qui entourent le fayotage. Ils sont au nombre de six. Ce sont eux qui, depuis des décennies, font aux fayots une réputation lamentable et découragent tant de vocations.

6 préjugés sur les fayots

1. Préjugé numéro un : " La franchise, c'est super "

Tous les ans, lorsque l'on demande aux candidates à l'élection de Miss France de citer leur principale qualité, elles répondent invariablement : « *la franchise* ». Ce mot glisse de leurs lèvres comme une formule sacrée et le public applaudit, enchanté. Les gens adorent la franchise. Ils trouvent que c'est une chose géniale. Dans notre société, rien n'est plus merveilleux que d'être perçu comme une personne « *nature* », « *cash* », « *sincère* »,

« *capable de dire les choses sans tourner autour du pot* ». Rappelez-vous, pour un petit mensonge de rien du tout, Pinocchio s'est retrouvé affublé d'un nez affreux, couvert de branchages et même d'un nid d'oiseau, et le monde entier a trouvé cela tout à fait mérité. Si on y regarde bien, cinquante pourcent des films américains s'appliquent à démontrer combien il est mauvais de masquer ses sentiments, de mentir aux autres et, le pire du pire, de se mentir à soi-même.

Tout cela est grotesque. Car chacun le sait, dans la vie, rien ne rend davantage de services que le mensonge et la dissimulation. Surtout dans les bureaux. Dans toutes les entreprises, dans toutes les administrations du monde, la sincérité a toujours été le contraire d'une attitude gagnante. Pour s'en convaincre, il n'y a qu'à regarder la bobine de ceux qui les dirigent. Les directoires, les comités exécutifs et les conseils d'administration sont remplis de personnages faux, manipulateurs, déloyaux et serviles (+ chauves). Personne, dans l'histoire de l'humanité, n'a jamais pu faire une carrière acceptable en passant ses journées à fiche les pieds dans le plat et à dire ses quatre vérités à son chef (à part Éric Cantona peut-être, mais sauf erreur Éric Cantona n'a jamais siégé dans un directoire ou un comité exécutif).

2. Préjugé numéro deux : " Les fayots sont des crétins "

On imagine trop souvent que le fayotage est une activité basique, pour ne pas dire débile, qui consiste à courber l'échine toute la journée et à bisouiller les orteils de son chef en lui servant des cappuccinos. Eh bien, pas du tout. Que l'on se détrompe. Le fayotage est le contraire d'une attitude mécanique. C'est une discipline d'une extraordinaire subtilité, qui nécessite de maîtriser des tas de détails psychologiques très complexes et, dans certains cas, de jouer la comédie comme à l'Actors Studio. Il faut un certain niveau de QI pour fayoter correctement, et je parie que vous le dépassez haut la main (savoir fayoter avec son lecteur).

3. Préjugé numéro trois : " Tous les fayots se valent "

Bien sûr que non ! Tous les fayots ne se valent pas. Contrairement aux idées reçues, il y a de très bons et de très mauvais fayots. Les mauvais fayots, hélas, sont la partie émergée de l'iceberg. Ce sont eux qui ruinent l'image de la corporation. Ils agissent grossièrement, utilisent des flatteries énormes et des ficelles grosses comme leurs pieds, moyennant quoi tout le monde a envie de leur donner des gifles. Tandis que les bons fayots, eux, plaisent à la Terre entière et trompent l'intégralité de leur monde. Les plus beaux fayots de l'Histoire, les maestros, ceux qui tutoient le très haut niveau, en arrivent au paradoxe ultime : personne ne sait qu'ils sont des fayots.

4. Préjugé numéro quatre : " Le fayotage, c'est dépassé "

N'importe quoi. L'art du fayotage est complètement à l'ordre du jour et n'a jamais été aussi passionnant qu'aujourd'hui. Avec le champ de mines qui, depuis quelque temps, leur sert de paysage économique, les fayots contemporains doivent s'adapter sans cesse à des situations enchevêtrées, incroyablement versatiles, où des explosions meurtrières peuvent survenir à toute heure du jour et de la nuit. Un *business partner* qui ouvre une usine en Inde, un point de *spread* monétaire en plus ou en moins, et hop, votre ennemi juré devient votre N+1 et toute votre stratégie est à revoir...

5. Préjugé numéro cinq : " Pour fayoter, il faut être fayot de naissance "

Bien sûr que non. C'est assommant d'entendre des choses pareilles. N'allez pas vous déclarer inapte, d'emblée, sous prétexte que vous n'avez jamais eu le réflexe d'aller voir votre prof de maths à la fin des cours pour lui faire des miaou-miaou. On peut très bien pratiquer le fayotage à un niveau honorable sans avoir de disposition naturelle pour cela. C'est une question de volonté et de stratégie. Il y a des talents innés, bien sûr, il y a des Federer du fayotage au bureau, mais à force de travail, on a toutes les chances de surmonter ses carences et de devenir un excellent praticien.

6. Préjugé numéro six : " Les fayots sont des salauds de traîtres "

Bien sûr que oui. À l'inverse des cinq autres, ce préjugé-là est tout à fait vrai. Le parfait fayot retourne sa veste tous les jours de la semaine, n'a aucun ami au boulot et plante autant de couteaux dans le dos que nécessaire. On ne peut pas tout avoir non plus. Et maintenant, commençons.

Personnages principaux

Les situations que nous allons analyser mettent en scène sept personnages incontournables. Asseyons-nous une seconde et faisons connaissance avec eux. À moins que vous ne les connaissiez déjà...

• **Le / la Boss** – votre supérieur(e) hiérarchique direct(e)

Chaque soir, à table, vous racontez ses faits et gestes en maudissant son nom. Vous citez ses phrases mot pour mot en dodelinant de la tête et en levant les yeux au plafond. Vous êtes incapable de lui trouver des qualités. Il vous arrive même de vous imaginer, c'est votre faiblesse, en train de lui plonger le visage dans une friteuse ou un moteur à piston. Cet homme / cette femme, c'est votre N+1. Il / elle sera toujours votre N+1. Jusqu'à ce qu'il / elle soit remplacé(e) par un(e) autre N+1. Les N+1 ne meurent jamais. Comme la reine d'Angleterre.

• **Le Big Big Boss** – le grand patron

Inutile de se fatiguer avec des il / elle, car le Big Big Boss est évidemment un homme. On ne le voit jamais. Sauf dans l'éditorial du journal interne, où il parle « *d'exercice extrêmement exigeant* » et de « *contexte d'une extraordinaire complexité* ». Personne ne sait s'il est capable de dire tout cela en vrai. Il a les mains qui brillent. Son encéphale tourne à une vitesse phénoménale. Sa libido aussi. Il a trois maisons. Son épouse rêverait de demander le divorce, mais elle redoute de finir en confettis.

• **Julien Trobien** – le meilleur fayot du monde

Mozart. Botticelli. Tiger Woods. C'est lui. Le génie. Le maître chocolatier. Le Meilleur Ouvrier de France. La pulpe. Le berger des bergers. Julien Trobien est, sans aucune contestation possible, le numéro un mondial du fayotage. Il travaille deux fois moins que ses collègues. Et pourtant, tout le monde l'adore. Ses pairs. Ses assistantes. Ses supérieurs hiérarchiques. Même Dieu, qui a dit : « *Tu ne jugeras point* », trouve que c'est son meilleur élément.

• **Gontran Montignan** – le plus mauvais fayot du monde

Gontran Montignan est né avec les cheveux gominés et un arrière-train en forme de porte-avions. Quoi qu'il fasse, il exaspère son prochain. Il a toujours fayoté et notamment à l'école où il était conspué par ses camarades. Il rit très fort. Il prend des tas de notes pendant les réunions et donne raison à son chef en toute circonstance, y compris lorsque celui-ci soutient que l'Afrique du Sud est au nord de l'Afrique. À cause de cela, personne ne lui fait confiance. Même sa maman, quand il lui dit « *je t'aime* », a de gros soupçons.

• **Sophie Gédi** – l'anti-fayote

Quand Sophie Gédi a dit, elle a dit. Sophie Gédi ne voit pas du tout l'intérêt de pratiquer le fayotage. Sa bouche est énorme, ses paroles sont directement propulsées de ses tripes et, croyez-moi, celui qui va l'empêcher de dire ce qu'elle pense n'est pas encore né. Un doute sur la bonne foi du Big Big Boss, qui présente la stratégie des dix prochaines années devant tous les employés réunis ? Elle s'empare du micro et l'interpelle avec sa voix d'ogre. Une envie de péter ? Elle pète. C'est aussi simple que cela. Et le plus beau, c'est qu'elle est persuadée que cette attitude lui apportera la victoire finale. Pauvre Sophie Gédi...

• **Roselyne Claudine** – l'assistante sous Prozac

Roselyne Claudine aurait aussi bien pu s'appeler Claudine Roselyne. Mais la vie en a décidé autrement. Depuis l'adolescence, elle est âgée de cinquante-deux ans. Elle a horreur de Barack Obama, du magazine *Elle* et du chocolat aux noisettes. Mais elle adore fumer des cigarettes. À l'étage, on l'appelle « *Pot-de-tabac* ». Le seul moment de la journée qui lui soit agréable, c'est celui où elle se lève de sa chaise, se drape dans son grand manteau violet et traverse l'open-space d'un œil goguenard, pour aller rejoindre ses petites camarades secrétaires avec lesquelles elle va manger des plats dégueulasses et dire du mal de tout le monde.

• **Piou-Piou** – le stagiaire à la peau douce

Il est là pour trois mois. Vu le niveau de pertinence de ses questions, il ne sera jamais recruté à l'issue de son stage. Vous n'avez donc aucun besoin de fayoter avec lui. Ce garçon est votre exutoire. Votre punching-ball. Souhaitons-lui la bienvenue dans le monde des cols blancs…

Gontran Montignan, mauvais fayot

QUAND FAYOTER ?

Certains moments sont propices au fayotage. D'autres pas du tout. Pour ne pas vous tromper, gardez à l'esprit cette règle universelle : le bonheur de la créature de bureau augmente avec la perspective de le quitter. Autrement dit, fayoter le lundi matin à 8 heures équivaut à essayer d'éplucher une carotte avec son coude. C'est possible, mais au regard de l'effort investi, le résultat sera totalement ridicule.

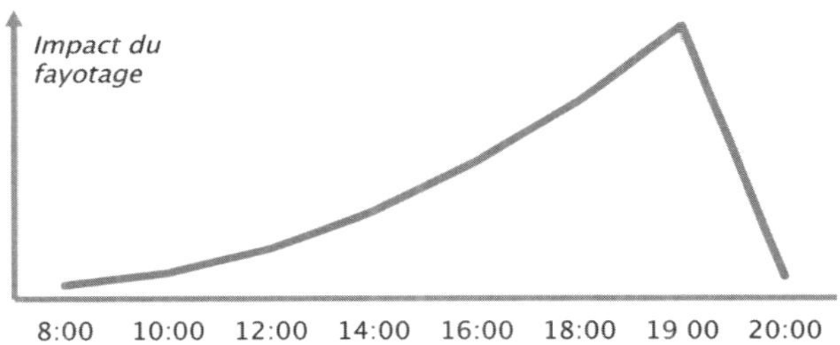

• 19 heures est l'instant parfait pour aller à la pêche aux points. Mais attention ! Passé 19 heures, l'humeur de la créature de bureau redescend en flèche, car à compter de ce moment-là, elle considère qu'elle n'a plus rien à y faire. Exception faite des *workaholics* et autres spécimens désireux de fuir un foyer familial violent, adultérin, régenté par les enfants, ou tout simplement vide.

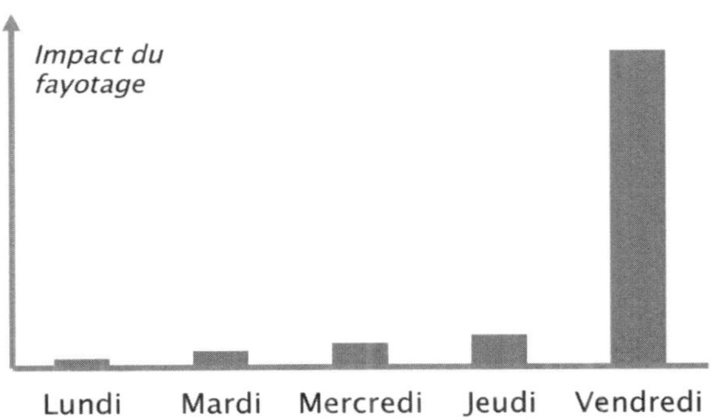

• L'évidence ne se commente pas. Bon week-end.

OÙ FAYOTER ?

Là encore, les principes sont élémentaires, mais nécessitent d'être formulés. Le terrain de jeu du fayotage n'est pas si vaste que vous l'imaginez. En réalité, il est plus ou moins circonscrit au bureau de qui vous savez et, dans tous les autres endroits, je vous exhorte à vous méfier de tout ce qui ressemble de près ou de loin à des collègues, à des assistantes, à des bactéries, à des animaux rampants et même à des murs.

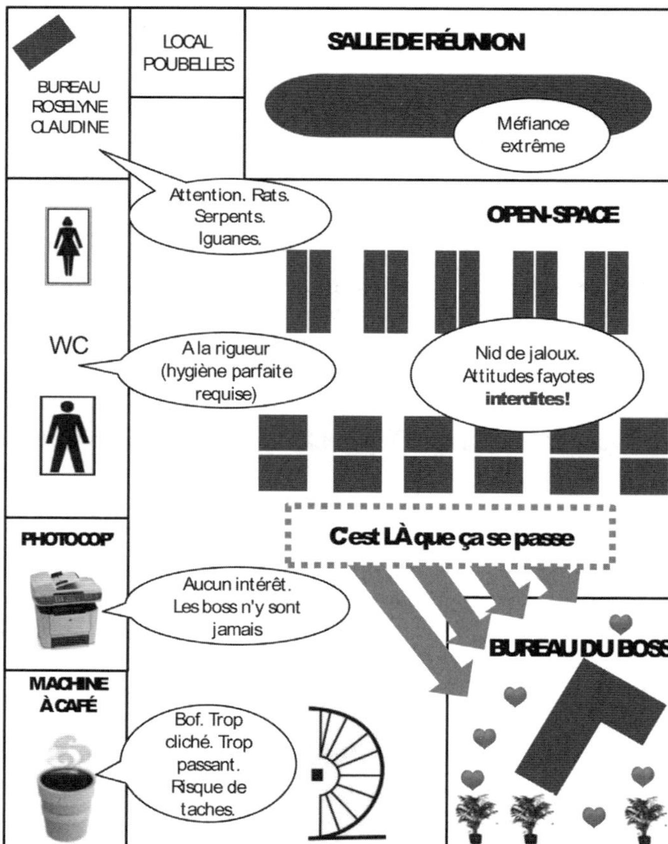

FAYOTER TOUS LES JOURS

Situation n° 1 :

“ Vous passez un entretien d’embauche ”

Niveau de difficulté

Description de la situation :

Cette fois, il ne peut pas vous échapper. Ce poste est taillé pour vous. De toutes les qualités qu'il requiert, pas une ne vous fait défaut : âge, diplôme, compétence technique, nombre de doigts... Non, aucun doute. Vous êtes l'homme (ou la femme[1]) de la situation.

Vous vous rendez à l'entretien d'embauche avec une heure d'avance. Pour tromper l'attente, vous répétez dans votre tête les quarante-sept arguments démontrant l'implacable évidence de votre candidature. Vous vous imaginez en train de les dérouler à l'oral, tel Mozart ou Dvořák dirigeant leurs symphonies devant une assistance médusée. Vous vous dites que rien ne peut vous arriver. Car la force est en vous.

– Étage numéro 12, bureau 154. Vous pouvez monter.

Arrivé(e[2]) à l'étage 12, vous traversez un long couloir d'un pas vif et précipité. Vous effectuez quelques mouvements de respiration abdominale. S'il n'y avait pas tous ces gens, qui ne devraient pas tarder à devenir vos collègues, vous feriez un « haka » pour libérer votre trop-plein d'énergie positive.

Au fond du couloir, vous êtes accueilli par un morne individu. Il vous invite à vous asseoir dans son bureau. Vous vous raclez la gorge et enfoncez votre regard dans le sien. « *Ce croque-mort va voir ce qu'il va voir* », vous dites-vous. « *Et pas plus tard que tout de suite.* »

Bref, toutes les conditions sont réunies pour un plantage magistral.

---

1. Le « vous » employé est entièrement unisexe. Il s'adresse autant aux mâles qu'aux femelles. Cette précision étant faite une fois pour toutes, j'utiliserai par défaut le masculin et ne recourrai plus à ce type de parenthèse diplomatique. Très cordialement,
2. Bon, une dernière parenthèse pour ne froisser personne. Mais maintenant cela suffit. Bien à vous,

Ce qu'il faut faire :

Changer d'état d'esprit. Tout de suite. Les entretiens gagnés d'avance, je suis navré de vous l'apprendre, sont ceux que l'on perd à tous les coups.

C'est une question d'équilibre. Si tout, dans votre attitude, vise à prouver que vous êtes le plus chouette candidat de la planète, le recruteur va développer une sorte de mécanisme-réflexe consistant à chercher par tous les moyens des arguments en faveur du contraire. Plus vous serez parfait, plus il traquera vos points faibles. Et si vous l'y poussez, il ira jusqu'à critiquer l'option arts plastiques que vous avez choisie au bac ou votre façon de prononcer le mot « *poêle* ».

Remballez vos tambours. Et gardez ceci à l'esprit : la vedette de l'interview, ce n'est pas vous. C'est lui. Un entretien d'embauche réussi, ce n'est pas celui dont le recruteur sort avec l'impression de s'être fait piétiner par une division blindée. Non. Un entretien d'embauche réussi, c'est celui dont le recruteur sort en se disant :

- Je suis génial
- Je suis drôle
- J'ai une carrière de dingue
- J'ai une famille magnifique
- J'ai un jardin de maboule
- Ma vie est une réussite
- Ce candidat m'adore
- Moi aussi je m'adore !

Comment faire pour qu'un recruteur sorte d'un entretien d'embauche en s'adorant ?

Étape 1 : réglez votre compte (5' max)

Diplôme + cursus + 3 qualités correspondant au poste + Microsoft Office + anglais courant + permis B, on ne va pas y passer l'année, balancez-lui en deux temps trois mouvements les informations qui soulagent, sans chichis, pour qu'il soit rassuré, qu'il puisse cocher ses petites cases et péter un coup avant de passer à l'essentiel.

Étape 2 : changez la caméra de sens (15')

C'est le moment-charnière de l'entretien. Il s'agit de faire basculer la conversation de vous à lui. Pour cela, parlez de ce qui vous motive dans le poste et demandez-lui de vous indiquer si votre fantasme correspond ou non à la réalité. Le monologue va se transformer en dialogue et il va commencer à s'écouter parler. Vous êtes sur la bonne voie.

Étape 3 : dites-lui BRAVO (15')

Mitraillez-le de questions. Demandez-lui de vous détailler son parcours. Extasiez-vous. Reformulez chaque étape-clé avec des mots drôles, poignants, et offrez-lui de sa carrière une lecture exaltante, bourrée de sens et de poésie. Posez-lui une ou deux questions personnelles. Lancez-le sur le hobby qu'il a mentionné sur Linkedin. Il sourit. Il commence à s'abandonner. Vous le tenez.

Étape 4 : identifiez son point névralgique... et caressez-le (3 h, s'il le faut)

Si vous l'avez bien écouté, vous devez avoir identifié LA chose qui le fait vibrer dans la vie. Gagner ? Créer ? Séduire ? Faire le clown ? Manger ? Jardiner ? Trouver Dieu ? Dès que vous avez trouvé, appuyez à fond sur sa corde sensible. Restez focalisé sur elle. Et surtout, flattez. Complimentez. À la fin de l'entretien, il faut qu'il ait l'impression d'avoir été compris au plus profond de lui-même. Il pleure ? Vous avez gagné.

Vous commencez à comprendre. Cette situation n° 1 est une sorte d'avant-goût de ce que doit être votre stratégie professionnelle. Pour réussir votre carrière, il faut que votre manager vous aime. Pour que votre manager vous aime, il faut qu'il s'aime à travers vous. Pour que votre manager s'aime à travers vous, il faut y travailler chaque jour de l'année. Le reste n'a aucune importance. Bienvenue dans le monde victorieux des parfaits fayots.

Ce qu'il ne faut surtout pas faire :

Poser les seules questions qui vous intéressent VRAIMENT (horaires, nombre de jours de RTT, montant des Ticket Restaurant, pourcentage de réduction sur les places de cinéma, nombre de collègues du sexe opposé, etc.).

Situation n° 2 :

“ Votre médecin vous met en arrêt maladie ”

Niveau de difficulté

Description de la situation :

Ce n'est pas sa faute : c'est son métier. Il a écouté votre cœur. Il a pris votre tension. Il a enfoncé un bâtonnet Miko dans votre gorge. Puis il a murmuré : « *Angine blanche. Je vous mets cinq jours.* »

Votre médecin traitant se fout pas mal de votre situation professionnelle. La seule chose qui l'intéresse, c'est de faire des ordonnances gigantesques et de saboter les finances de la Sécurité sociale. Tout le reste lui passe à des kilomètres. Vous avez 40 degrés de fièvre, un regard de panda et des éboulis dans les bronches : cela vaut cinq jours d'arrêt, point. Et tant pis pour les conséquences désastreuses que cela pourrait avoir sur votre carrière.

Nous sommes lundi. Il est 10 heures du matin. Vous sortez de chez le médecin (ou le médecin sort de chez vous, si vous habitez un désert médical), et bien que vous soyez incapable de mettre un pied devant l'autre, vous vous traînez jusqu'à la pharmacie. On vous remet une somme prodigieuse de médicaments dont vous ignorez le prix et que vous possédez déjà en quantité industrielle dans l'armoire de votre salle de bains. Vous faites quelques pas en reniflant et vous voilà sur le trottoir, votre téléphone portable à la main. Votre boss vous attend. Il vous a déjà appelé sept fois pendant la consultation. Votre semaine est remplie de rendez-vous cruciaux. Il fait 2 degrés Celsius. Il y a un vent de chien. Trois quarts d'heure de trajet vous séparent de votre boulot, vos enfants sont à l'école, ou alors vous n'avez pas d'enfants, ce qui est encore plus commode, votre lit est tout chaud et il y a *Les Feux de l'amour* à la télé.

Ce qu'il faut faire :

Choisir la bonne option. La seule : foncer au bureau. Aucune hésitation. Rassemblez vos forces et ne gâchez pas cette occasion splendide d'en mettre plein la vue à tout l'open-space. Mais attention ! La difficulté, ici, ne réside pas tant dans le fait d'aller travailler avec quarante de fièvre (roupiller dans les transports en commun, puis s'aplatir derrière un écran équipé du haut débit, ça n'est pas la mer à boire, il y a des tas des gens qui ont des maladies affreuses ou qui habitent en république de Slovaquie). Non, la difficulté se situe bien davantage dans la façon dont vous allez faire la publicité de cette performance. Cela demande un vrai doigté, car certaines erreurs peuvent anéantir votre effort. Exemple : arriver au bureau en vous traînant sur le sol et en gémissant. Cette attitude ne vous vaudra que des réactions de dégoût. « *Rentre chez toi, avec tes miasmes* ! » vous dira-t-on. Et vous serez Gros-Jean comme devant. Autre erreur : faire le tour des collègues et dire que votre pronostic vital est lourdement engagé, mais que vous si vous êtes là, c'est parce qu'un compte-rendu de Comité de Pilotage et de Transversalité, sacré bon sang de bois, c'est un compte-rendu de Comité de Pilotage et de Transversalité, et quand bien même vous auriez quatre pieds-bots et douze contrôleurs fiscaux à vos trousses, vous seriez là pour le rédiger. Le fayotage est alors si visible, si cousu d'un fil blanc épais comme le bras de la lanceuse de poids Natalya Lisovskaya que vous serez automatiquement catalogué parmi les andouilles sirupeuses dans le genre de Gontran Montignan.

Prenez plutôt exemple sur Julien Trobien. Le meilleur fayot du monde. Un matin de janvier, je l'ai vu entrer dans l'open-space. Il frissonnait. Son nez était grenat. Pourtant, il nous a salués d'un sourire et s'est mis à la tâche comme si de rien n'était. Sans un geignement. À l'époque, notre chef était un despote aux manières étranges : chaque soir, « *par souci de contrôle* », il fouillait les corbeilles à papier de tous ses collaborateurs. Ce soir-là, en faisant son inspection, il est tombé sur un arrêt de travail d'une durée de cinq jours, déchiré en quatre morceaux, au nom de Julien Trobien. Du grand art.

Ce qu'il ne faut surtout pas faire :

Se laisser emporter par son zèle et décliner l'arrêt maladie proposé par le médecin. Lorsque l'on fait un exploit, il faut des preuves.

Situation n° 3 :

“ Vous participez à un pot de départ ”

Niveau de difficulté

Description de la situation :

Gwendoline a démissionné. Elle quitte l'équipe ce soir. La petite cachottière a refusé de révéler sa nouvelle destination professionnelle… Pourquoi ? Parce que c'est ainsi. Lorsqu'ils partent, la plupart des gens font tout un mystère à propos de leur avenir, comme si c'était une chose qui passionnait la Terre entière. Demandez-leur pourquoi. Ils vous répondront : « *Euh… eh ben… parce que je ne veux pas trop que ça se sache, tu vois.* » Ah bon, d'accord.

Le pot de départ est prévu à 18 heures. Gwendoline n'est au courant de rien, car dans votre service, la tradition veut que les pots de départ soient organisés dans le plus grand secret par l'employeur. Mais rien n'est prêt, car dans votre service, une autre tradition veut que les choses soient systématiquement faites à la dernière minute.

16 heures. Gwendoline vide ses armoires en sifflotant. Il reste deux heures pour fomenter une surprise qui tienne la route. Vous jetez un œil par la fenêtre : il neige. Vous plaignez ceux qui, pour une raison ou pour une autre, vont devoir mettre le nez dehors. Vous n'aimeriez pas du tout être le pigeon ou la pigeonne qui va braver le froid pour se mettre en quête, par exemple, d'un cadeau de départ (photophore…) ou d'une caisse de crémant d'Alsace. Mais alors pas du tout…

Ce qu'il faut faire :

Mettre votre bonnet de laine et vous poser la question suivante : « *Qu'est-ce que les gens, au bureau, pensent de Gwendoline ?* »

Cas de figure n° 1 : <u>les gens pensent que Gwendoline est une immonde guenon et que son départ est la meilleure nouvelle depuis la chute des Ceausescu</u>

Reposez votre bonnet de laine (qui vous aura au moins aidé à réfléchir) et retournez admirer la chute des flocons.

Cas de figure n° 2 : <u>les gens pensent que Gwendoline est une personne exquise et que seules Mère Teresa et Mimi Mathy pourraient lui succéder</u>

Levez-vous à toute vitesse et courez chercher votre N+1. Aidez-le à enfiler sa doudoune, puis traînez-le jusqu'au centre commercial le plus proche. Bravo. Vous venez de l'embarquer dans une des activités les plus prolifiques en termes de complicité interpersonnelle : une séance de shopping.

Allez de boutique en boutique en riant et en chantonnant comme de vieilles copines. Réfléchissez ensemble à ce qui pourrait plaire à Gwendoline. Proposez, juste pour rire, des idées saugrenues (casquette léopard, presse-purée, etc.). Riez. Achetez des muffins. Buvez du vin chaud. Tenez-vous par le bras.

De retour au bureau, suggérez à votre boss de rédiger un discours d'adieu. Soyez sa plume. Soufflez-lui des traits d'esprit et des gentillesses qui lui permettront de briller et de faire pleurer dans les chaumières.

Ensuite, faites le tour des bureaux avec une enveloppe à la main. Dites à vos collègues : « *Pour le cadeau de Gwendo !* » Les gens vont vous applaudir pour la rime, mais aussi pour la beauté du geste. En vous associant aussi étroitement au départ de Gwendoline, vous allez surfer sur son image. Sa popularité va rejaillir sur vous. Et tout le monde va s'imaginer que vous êtes une personne tournée vers les autres... Bien joué !

18 heures. Récoltez les fruits de votre après-midi. Soyez celui qui chante, qui sert les gobelets de mousseux (ou de champagne, si vous travaillez chez EDF) et qui remet publiquement, « *au nom de toute l'équipe* », ses cadeaux à sainte Gwendoline. Mettez-vous en retrait au moment du discours de votre boss. Regardez ce crétin de Gontran Montignan rire à gorge déployée (et à contretemps) aux blagues que vous avez écrites et vos collègues contempler l'adorable Gwendoline dont l'auréole, grâce à votre escapade dans le blizzard, dépasse désormais un peu au-dessus de votre tête...

Vous avez gagné des tas de points aujourd'hui. Vous pouvez rentrer vous coucher.

Ce qu'il ne faut surtout pas faire :

Oublier de demander à un démissionnaire quel sera son prochain job. Cela lui ferait un chagrin énorme.

“ Vous êtes le phénix des hôtes de ces bois ”

Du Renard au Corbeau (*Fables* de La Fontaine, 1668-1694). Rendons ici hommage au Renard, figure animale de la flatterie, de la malice et de la ruse.

Situation n° 4 :

“ Votre boss vous inflige le récit de ses vacances ”

Niveau de difficulté

Description de la situation :

« Sandrine et moi, on adore la voile. On est complètement FANAS. Attends, je te plante le décor : première quinzaine d'août, Gib'Sea 92, 30 pieds de long, 1,40 m de tirant d'eau, 34 mètres carrés de génois, 18 chevaux de moteur, bam-Bam-BAM ! On est partis de Saint-Malo et on a été... jusqu'où ? Devine jusqu'où ? Jusqu'à Roscoff ! Aller-retour. C'était QUE-DU-BON-HEUR. De toute façon, moi, c'est pas compliqué, tu me mets un bateau sous les pieds, un gouvernail dans les mains, de l'eau de mer dans la gueule et VLAN ! Je suis le plus heureux des hommes. Et pour les enfants, c'est génial, parce que : 1) ça les occupe ; 2) ça leur fait quinze jours au grand air, sans télé, sans Facebook, sans PlayStation... ; et 3) ça les met face à face avec Sa Majesté la mer... Que demande le peuple ? Bon après, il faut gérer le vent, les calculs de marées, mais tu vois, ce qu'il faut retenir, c'est que... »

Non seulement c'est la rentrée. Non seulement vous avez eu envie de vous flinguer ce matin en retrouvant les transports en commun. Non seulement vous avez failli tomber dans les pommes en voyant qu'AUCUN de vos collègues n'avait disparu pendant les vacances...

Mais en plus, à peine arrivé au bureau, vous devez subir ÇA.

Ce qu'il faut faire :

D'abord, quitter immédiatement ce faciès de rhinocéros dépressif qui vous fait ressembler à un faux Pollock ou à une caricature manquée de Roselyne Claudine. Je suis navré de vous parler ainsi, mais il n'est pas POSSIBLE de présenter un visage aussi glauque à votre boss alors même qu'il est en train de vous beugler sa jubilation à l'oreille.

Je sais que c'est difficile. Je sais que nous sommes lundi matin et que dans l'ascenseur, en venant, vous avez repensé à ces longues soirées « *Barbecue & rosé* » passées avec votre tendre moitié sur la plage, et que vous avez failli vous mettre à pleurer.

Mais vous n'avez pas le choix : vous devez écouter le récit des vacances de votre boss. Vous DEVEZ participer à la conversation. Et la meilleure chose à faire, pour y arriver, est de le bombarder de questions.

Avec quelles questions bombarder votre boss ?

Il y en a plusieurs sortes. Classons-les par ordre d'efficacité :

Catégories de questions		Exemples
1. Questions de relance 	Elles sont là pour entretenir la conversation → c'est le minimum que vous devez à votre interlocuteur	« Ah oui ? » « Ah bon ? » « Saint-Malo, c'est en Bretagne ? » « Il a fait beau ? » « L'eau mouille-t-elle autant qu'on le dit ? » « La mer, c'est mieux que la montagne ? » « Combien d'enfants, déjà ? »
2. Questions de connaisseur 	Elles permettent de créer une connivence technique avec le conteur → c'est déjà beaucoup mieux	« Quelle voilure as-tu choisie ? » « Par combien de nœuds de vent as-tu navigué ? » « Comment les enfants se sont-ils amarinés ? » « Tu n'aurais pas un démanilleur à me prêter ? » « Chez moi, il y a un poster de Philipp Plisson dans chaque pièce, chez toi aussi ? »
3. Questions valorisantes 	Elles font passer le navigateur pour un héros contemporain → c'est bien, c'est très bien...	« Tu es sûr qu'il ne faut aucun permis pour louer un si gros voilier ? » « La navigation est réputée très périlleuse dans ce coin, non ? » « Il y a des baleines et des terroristes, là-bas, pas vrai ? » « Tu n'aurais pas croisé Jacques Cartier en chemin ? »
4. Questions philosophiques 	Elles offrent au chef la possibilité de se poser en figure mythologique → le top du top	« Finalement, es-tu revenu le même ou bien différent, tel le bateau de Thésée ? » « Ceux qui ont inventé le bateau à vapeur, que savent-ils du vent qui gonfle les voiles ? » « La mer, est-ce la disponibilité perpétuelle ? » « Quelle est la différence entre une mouette et une mouette ? »

Catégories de questions		Exemples
Questions à proscrire 	Ce sont les inepties susceptibles de vous passer par la tête → à censurer avec soin	« Pourquoi faut-il toujours que tu cites des chiffres ? » « Pourquoi personne ne t'a-t-il dit que le mot FANA était grotesque ? » « Pourquoi tes enfants ne t'ont-ils pas assommé avec la bôme ? » « Pourquoi Dieu t'a-t-il fait une tête qui donne envie de tambouriner très fort comme sur un djembé ? » « Mais pourquoi les vacances sont-elles finiiiiiiiiiiiiiiiiii iiiiiiiiiiiiiiies ? »

D'après une étude récente, un N+1 raconte ses vacances environ dix-neuf fois à son entourage professionnel. Votre objectif est simple : il faut que vous soyez la personne à qui il a fait son meilleur récit. Son plus épique. Son plus abouti. Il faut que vous soyez son plus merveilleux miroir et que, dans vos yeux infinis, il voie le reflet d'une créature de paradis. Il va vous trouver un peu paradisiaque vous aussi et, vous verrez, vous aurez droit à des chèques-vacances supplémentaires.

Ce qu'il ne faut surtout pas faire :

Parler de vos propres vacances. Votre boss s'en fiche éperdument.

Situation n° 5 :

“ Vous partez en vacances pendant que tout le monde travaille ”

Niveau de difficulté

Description de la situation :

– Bon les gars, c'est la merde. On a une énorme urgence qui vient de nous tomber dessus. Une de plus. Il faut absolument qu'on se cale une réunion de crise tous ensemble. Le plus tôt sera le mieux.

– Je propose lundi à la première heure, dit Gontran Montignan.

– Très bonne idée, répond votre chef. Est-ce que tout le monde est dispo lundi prochain ?

– Moi oui.

– Moi oui.

– Moi oui.

– Moi oui.

– Moi oui.

– Heu................................

Vous pâlissez. Vous vous cachez derrière une bouteille d'eau. Puis, bêtement, vous lâchez :

– Je veux bien faire une réunion de crise lundi prochain, mais... à condition qu'elle ait lieu à Punta Cana.

Consternation générale.

– Tu veux dire que tu es en VACANCES la semaine prochaine ?

– Oui...

– En plein mois de novembre ?

– Alors que tout le monde est sous l'eau ?

– Attends, attends, vous dit votre boss d'une voix étouffée... Tes vacances, là, je les ai validées ?

– Oui, tu les as validées... Il y a trois mois...

– Il y a trois mois ? Oh putain ! J'avais oublié ! Mais qu'est-ce que j'étais CON, il y a trois mois !

Bravo. Inutile de préciser que votre avion part dans cinq heures, que vos billets ne sont ni échangeables ni remboursables et qu'il en est de même pour la suite « *Deluxe quatre étoiles all-in-*

clusive » avec vue sur la mer des Caraïbes que vous avez payée 100 % d'avance.

Vous pouvez partir tranquille. Soyez certain que, pendant que vous ferez vos siestes sur la playa Bavaro, vos oreilles ne siffleront pas une seconde. Aucun de vos collègues ne va vous maudire. Ni vous traiter de « *déserteur* ». Votre popularité va grimper aux cocotiers. À votre retour, aucun problème. Personne ne va vous faire le moindre commentaire à propos de votre bronzage. Vous ne serez pas accueilli avec des regards en coin et vous ne serez nullement victime d'un lynchage collectif.

Il faut vraiment tout vous expliquer...

Ce qu'il faut faire :

Éviter à tout prix le scénario que vous venez de lire. Si vous avez le projet de partir en vacances en novembre ou en janvier (ce que je vous recommande), suivez les principes de base suivants :

AVANT

• Annoncer vos congés à votre boss trois mois à l'avance, c'est bien, mais à condition de penser ensuite à lui rappeler l'information. Faites-le à intervalles réguliers pour que le moment venu, il n'ait pas l'impression de se prendre un camping-car sur la figure (et je suis poli).

Mais attention ! Restez sobre. Vous allez partir en « *congés* », c'est très bien, mais ne montrez pas la joie dans laquelle cela vous met. Ne dites jamais que vous allez à Punta Cana. Dites que vous partez vider la maison d'une tante morte et que vous préféreriez mille fois rester au bureau. De manière générale, évitez le champ lexical du bonheur : « *vacances* », « *fun* », « *langoustines* », « *quel pied* », « *rosé* », « *j'ai trop hâte* », « *sex on the beach* »... Inutile de donner un ulcère à tout l'open-space.

• Au moment de partir, faites mine d'être de tout cœur avec votre équipe. Prenez l'air affligé. Faites croire que vous vous sentez coupable. Donnez des signes d'amour, comme si vous et vos collègues vous trouviez dans le même pétrin... Ce qui est faux, puisque vous êtes en partance pour... PUNTA CANA !

PENDANT

• Profitez à fond des cocotiers et des personnes désireuses de faire l'amour sur la plage. Mais abstenez-vous de poster sur Facebook des photos témoignant de votre bonheur.

• De même, évitez d'activer cette imbécillité d'e-mail automatique d'absence : il n'a aucune utilité, si ce n'est de rappeler aux gens du bureau, chaque fois qu'ils vous écrivent, que vous êtes au bord de la mer. Ce message dit : « *Je ne suis pas joignable pour le moment* », *mais croyez bien que vos collègues liront : « JE SUIS EN MAILLOT ET JE VOUS EMMERDE.* »

• Le vendredi, prenez une heure, pas plus, pour montrer que vous êtes encore en vie. Téléphonez à votre boss. Envoyez des mails à toute la Terre. Faites croire que vous n'avez pas perdu une miette de ce qui s'est passé. Cela vous permettra de prendre la température ambiante et de couper l'herbe sous le pied à tous les gens qui vous attendent avec une hache à la main.

APRÈS

• Revenez livide. Faites-vous des cernes avec du maquillage. Si vous êtes vraiment trop bronzé, dites que vous ne l'avez pas fait exprès. Ou que vous avez été dans une cabine à UV.

• Ne dites pas un mot de vos vacances. Sauf éventuellement, pour vous plaindre de l'odeur qu'il y avait dans la maison de votre tante décédée par asphyxie au monoxyde de carbone. Au bout de deux heures, tout le monde aura oublié que vous êtes parti.

• Recommencez l'année suivante.

Ce qu'il ne faut surtout pas faire :

Le jour de votre départ, venir avec votre valise au bureau. Et pourquoi pas en tenue de plongée pendant que vous y êtes ?

Situation n° 6 :

" Vous devez rendre une étude sur le marché mondial des hélices à tondeuse "

Niveau de difficulté

Description de la situation :

Ce sont des choses qui arrivent. Certains jours, vous avez beau fayoter tout votre saoul, déployer tous les efforts du monde pour vous approcher des hauteurs célestes de Julien Trobien, vous vous retrouvez malgré tout avec du travail à faire. C'est cruel. Mais c'est ainsi. Le « *zéro boulot* » n'existe pas.

Ce matin, votre boss vous a fait une requête inattendue : il vous a demandé de lui rédiger une étude sur le commerce mondial des « *hélices à tondeuse* ». Votre premier réflexe a été de vous demander s'il ne s'agissait pas plutôt des « *tondeuses à hélice* », mais vous n'avez pas voulu faire votre mauvaise tête. Vous avez écouté sagement le briefing managérial et vous avez posé un tas de questions enthousiastes pour circonscrire le sujet.

Vous disposez d'un mois. Un mois pour mener vos recherches, rencontrer des fabricants d'hélices et pondre votre rapport. Votre cerveau s'ébranle : comment allez-vous vous y prendre ? Sous quel angle allez-vous analyser les choses ? Que serait un monde sans hélices ?

Vous écrivez vos interrogations sur un calepin. Les réponses commencent à fuser. Vous avez une envie brûlante de vous y mettre. D'ailleurs, vous vous y mettez tout de suite. Cela va être haletant… passionnant… Oh, c'est sûr, vous allez enfanter la plus belle, la plus époustouflante étude de marché jamais réalisée en Occident ! Mais chut… Il faut que cela soit une surprise… Dans un mois pile, vous irez voir votre boss, l'air de rien et, ABRACADABRA, vous lui mettrez sous le nez un magnifique document bourré de phrases majestueuses et de petits schémas à croquer… En voyant cela, le brave homme va tomber à la renverse. Et vous couvrir de bisous.

Voilà ce que l'on peut appeler une belle stratégie d'andouille.

Ce qu'il faut faire :

Cesser d'agir comme cet imbécile de Gontran Montignan. Travailler dans votre coin tel un ermite ou un peintre maudit, faire votre popote en douce comme si vous prépariez un collier de coquillettes pour la fête des Mères, c'est non seulement grotesque, mais c'est aussi un concentré de tout ce qu'il faut pour vous assurer un échec retentissant. Vous n'êtes plus à l'école élémentaire. Votre boss n'est pas une institutrice. C'est un être humain totalement flippé, rempli de blessures narcissiques inguérissables et d'un ego lourd comme un sac de gravats qu'il trimbale partout avec lui, en particulier au bureau, et dont vous devez prendre soin comme de votre animal de compagnie.

Quel est votre objectif ? Que votre boss adhère à votre document ? Qu'il le trouve à son goût et qu'il en tombe, éventuellement, follement amoureux ? C'est simple : débrouillez-vous pour qu'il ait l'impression d'en être le papa. Votre étude de marché peut être lacunaire, truffée de contre-vérités et de couleurs dégoûtantes, cela n'a aucune importance. Ce qui compte, ce n'est pas que votre travail soit bon ; c'est que votre chef l'aime comme si c'était son propre enfant.

Comment faire croire à votre boss qu'il est le papa de votre document ?

Faites confiance au maître. Pour vous guider, voici une description du mois qui vous sépare de l'échéance fatidique, selon que vous êtes Gontran Montignan ou Julien Trobien :

	Stratégie Gontran Montignan (le plus mauvais fayot du monde)	Stratégie Julien Trobien (n° 1 mondial)
J – 30 : Briefing par le chef	Écoute béate	Écoute active + multiples questions pour éviter les malentendus et permettre au boss de se mettre en valeur
J – 29	Brainstorming en solo	Brainstorming en duo + compliments au chef pour ses idées (même si elles viennent de vous)
J – 20	Recherches en solo (montée de l'excitation)	Présentation d'un premier canevas au boss + prise en compte ostensible de TOUTES ses remarques
J – 15	Rédaction en solo (« Ça va être trop bien ! »)	Rédaction incluant d'INCESSANTS allers-retours avec le boss

	Stratégie Gontran Montignan (le plus mauvais fayot du monde)	Stratégie Julien Trobien (n° 1 mondial)
J – 5	Finalisation en solo (pouffements de rire tellement la surprise va être géniale)	Finalisation dans la paix et dans l'amour
Jour J Remise du document final	Présentation du résultat au chef → PATATRAS • Impression pour le chef de découvrir un bâtard qu'on lui aurait fait dans le dos (idées incongrues, raisonnements aux antipodes des siens, erreurs grotesques...) • Impression d'avoir été pris en traître + d'avoir été vaguement considéré comme une potiche de supermarché • Envie de casser les vitres + de faire manger le rapport à son auteur • Obligation de tout refaire dans l'urgence, nuits blanches, ulcère, etc.	Présentation du résultat au chef → GLISSSSSSS • Zéro surprise pour le chef • Tout va bien, tout est nickel • C'est SON bébé • C'est LUI le boss • Tout est en place • On s'embrasse • On appelle les tontons et les tatas pour annoncer la bonne nouvelle • Vive les hélices, vive les études de marché et vive la France

Ce qu'il ne faut surtout pas faire :

Donner l'impression à votre N+1 qu'il a tout fait lui-même. Cela le rendrait furieux après vous. Mettez le curseur où il faut : il doit se sentir l'auteur de TOUTES les bonnes idées, tout en ayant l'impression de s'être exonéré de TOUTES les tâches laborieuses.

" Grand Dieu sauve le Roi ! "

Titre d'un chant écrit par la duchesse de Brinon et mis en musique par Jean-Baptiste Lully pour célébrer la guérison de Louis XIV, opéré en 1687 d'une fistule mal placée... A noter que le chant sera importé par Haendel en Angleterre, qui l'adoptera comme hymne national (*God save the King / Queen*)

Situation n° 7 :

" Votre boss est une triple buse "

Niveau de difficulté

Description de la situation :

Il ne comprend rien à rien. Les informations entrent par son conduit auditif puis disparaissent dans son cerveau, mystérieusement, tel le docteur Godard dans l'eau des océans. Il renifle comme un cochon. Lorsque vous lui expliquez votre travail, il se produit chez lui une série de dérangements intestinaux qu'il ne cherche même pas à dissimuler.

Votre N+1 est une buse. Une andouille. Vous croyiez que c'était impossible ? Naïf. Vous auriez dû vous douter que cette situation pourrait survenir un jour ou l'autre, car au fond, quand on y réfléchit, elle ne résulte jamais que de la disponibilité simultanée d'un poste d'encadrement et d'une andouille. Pauvre de vous.

Ce qu'il y a d'agaçant avec la buse, c'est qu'elle n'admet jamais qu'elle en est une. Au contraire. Pour maintenir à flot sa dignité de N+1, elle est prête à utiliser des subterfuges gros comme des potirons. Exemple : vous sollicitez une décision de sa part. Que fait la buse ? Elle plisse les yeux. Elle vous regarde d'un air professoral et, sournoisement, essaie d'inverser la vapeur :

– Tu me demandes mon opinion… Mais dis-moi plutôt, TOI, ce que tu en penses.

– Eh bien… À mon avis, dites-vous, il vaudrait mieux choisir un format 21 x 29,7 qu'un format A3.

– Mmmh. Ça, c'est le point de vue que tu exprimes. Mais quels sont tes arguments en faveur de ce point de vue ?

– Ben… En fait, il n'existe pas d'enveloppes au format A3.

– Mmmh. Mais encore ? Tu ne m'as pas convaincu.

– Euh… Comment dire… Le format A3, ça ne rentre pas dans les boîtes aux lettres.

– D'accord. Je vois. Ton raisonnement n'est pas parfait, mais il me convient. Je me range à ton avis. Va pour le format A3.

Lorsqu'il se répète chaque jour, tout au long de la semaine, ce type de séquence peut finir par vous rendre zinzin. Méfiance. Une année à ce rythme, et votre conjoint(e) va vous retrouver la tête coincée dans une boîte aux lettres ou même un potiron.

Ce qu'il faut faire :

Adopter trois niveaux de comportement bien distincts :

1. Vis-à-vis de la buse

Avant toute chose, il faut vous maîtriser. Aussi crétine soit-elle, la buse a droit de vie ou de mort sur vous. La priorité est donc de lui cacher votre exaspération. Si elle profère une ânerie, respirez. Rappelez-vous que dire une ânerie, après tout, c'est une chose normale lorsque l'on est un âne. Souriez, gardez vos sourcils en place et laissez l'ânerie rouler tranquillement sur la moquette en pensant à la Renaissance italienne.

Ensuite, passez à l'offensive : devenez complice avec la buse. Faites-lui la cour. Flattez-la. Mais attention ! Ne la complimentez pas à tort et à travers. Évitez, par exemple, de lui faire des louanges sur son intelligence. Cela lui mettrait la puce à l'oreille. Trouvez-lui des qualités plausibles (ponctualité, chaussures) et travaillez-les en profondeur.

Ensuite, invitez-le (discrètement) à boire des bières. Il va vous ouvrir son cœur. Il va se confier sur ses doutes et ses insuffisances (un beau voyage dans l'infini). Relativisez-les. Mieux, aidez-le à les dissimuler au monde entier. Vous serez, pour toujours, en pole position dans son cœur.

Bingo. Comme par magie, dans les jours qui suivent, vous allez cueillir un de ces merveilleux avantages dont tout l'étage rêve sans le dire, comme par exemple la carte essence illimitée ou la fameuse place de parking n° 47 (celle dont la manœuvre d'accès ne nécessite pas de toucher le volant).

2. Vis-à-vis de vos collègues

Cognez, cognez tout ce que vous pouvez. Dites du mal de la buse. Calomniez-la. Singez-la. Une équipe n'est jamais aussi soudée que contre son chef : surfez sur le consensus. Vautrez-vous dans le « *buse-bashing* ». Vous développerez une connivence inespérée avec tout le monde. Peut-être même apercevrez-vous un sourire de Claudine Roselyne, qui vous laissera entrevoir ses jolies molaires couvertes de plombages au mercure, de tabac mentholé et de sang de ragondin.

3. Vis-à-vis de votre hiérarchie (N+2, N+3, etc.)

Ne soyez pas celui qui dénonce l'incompétence de la buse (les délateurs gagnent rarement à la fin). Laissez faire la rumeur : elle arrivera dans les hautes sphères bien plus rapidement que vous ne l'imaginez. Si un chef à plumes vient s'enquérir de votre opinion à propos de la buse, dites que vous n'avez pas de reproche à lui faire, mais dites-le avec un petit sourire entendu. Vous passerez pour quelqu'un d'habile, de mesuré et de fin... Un futur N+1 ?

Ce qu'il ne faut surtout pas faire :

Tomber amoureux de la buse. Cela démontrerait que vous en êtes une vous aussi. Madre de dios.

Mon cador à moi

Situation n° 8 :

" Votre boss a une passion ridicule "

Niveau de difficulté

Description de la situation :

18 heures. Votre téléphone sonne : c'est lui. Il vous demande de passer le voir. Il a l'air terriblement agité. « *Quoi ?* » vous dites-vous. « *Y aurait-il un énième rebondissement dans le dossier haletant de la fusion entre la DDMGGH et la DDHHGM ?* » Vous accourez. Mais lorsque vous pénétrez dans son bureau, surprise : votre N+1 glousse. Il jubile. Son visage est recouvert d'une sorte d'expression de bonheur cosmique.

– Regarde, chuchote-t-il en vous montrant son écran. Regarde ce que je viens de trouver sur eBay !

Vous vous approchez. C'est alors que, d'un coup, d'un seul, vous découvrez trois informations extraordinaires :

1) Il existe sur cette Terre des êtres humains qui consacrent tout ou partie de leur temps, sans que personne ne les y contraigne, à collectionner des modèles réduits de lits à baldaquin

2) Votre boss partie fait partie de ces êtres et l'assume

3) Votre boss vient d'acquérir l'unique reproduction miniaturisée du lit dans lequel la duchesse de Polignac et sa meilleure amie Marie-Antoinette auraient passé des nuits entières à se vernir les ongles et à partager des commentaires à propos de l'affaire du collier

D'un point de vue diplomatique, cette situation est à peu près aussi explosive qu'une négociation sur le nucléaire iranien. La nuit tombe, votre boss est ému aux larmes, il vous fait l'honneur de partager sa joie avec vous et vous êtes à deux doigts d'éclater de rire comme Obélix dans *Astérix et les Goths*.

Ce qu'il faut faire :

D'abord, bien comprendre que les gens qui ont une passion ridicule n'ont aucune conscience du fait qu'elle est ridicule (sans quoi cela ne serait pas leur passion). Ensuite, en fonction de la quantité de dignité que vous êtes disposé à sacrifier pour avoir une carrière moins grotesque, choisir un des trois niveaux d'action suivants :

• Niveau 1 : neutralité absolue. Vous restez impassible. Tel Bjorn Borg. Lorsque votre boss vous montre des timbres-poste ou des photos de lamas, vous vous enfouissez à l'intérieur de vous-même et vous priez pour que vos sarcasmes n'apparaissent pas sur votre visage. C'est une posture défensive. Le minimum vital.

• Niveau 2 : empathie bienveillante. Vous faites davantage d'efforts. Lorsque votre N+1 vous montre son autocollant de Mylène Farmer, vous le félicitez. Vous lui posez des questions. L'air de rien, cette attitude peut déjà vous rapporter gros. Car si vous lui renvoyez une image positive de son hobby, votre boss appréciera, pour le cas où il aurait besoin d'en parler, de vous avoir à proximité. Ce qui pourrait vous permettre d'éviter (par exemple) la fameuse mission de trois mois dans la banlieue de Bratislava.

• Niveau 3 : enthousiasme débordant. Vous optez pour la manière forte : vous embrassez la passion de votre boss. Vous la faites vôtre. Vous vous investissez corps et âme, car vous savez ce que vous avez à y gagner : une immunité absolue. En partageant une chose aussi personnelle, aussi intime, vous serez comme soudé à lui. Rien ne pourra plus vous arriver. Mais attention ! Cette stratégie suppose quelques efforts d'adaptation dont il vaut mieux être averti à l'avance :

Passion	Ce dont vous avez besoin pour y arriver
Philatélie	appareil spécial pour compter les dents – abonnement à *Timbres Magazine* – adhésion au club « La Vieille Tisane » – Lexomil 1 c/jour
Badminton	cuisses et cœurs artificiels – défibrillateur portable – masque à oxygène – bandeau-éponge – notions de mandarin
Chasse à courre	pavillon de chasse – vin rouge – whisky – cognac – Doliprane 500 mg codéiné – mariage avec une cousine (ou un cousin)
Jeux vidéo en réseau	shampooing à la margarine – tee-shirt « Fuck God » – piercings nasaux – bâtons de dynamite – blog sur la pendaison
Mylène Farmer	si vous êtes un homme : abonnement Club Med Gym – crème hydratante « Bonne Gueule » – abandon du football – perruque rousse – épilation définitive
	si vous êtes une femme : laissez tomber

Gonflage de malabar	mutuelle premium pour les couronnes dentaires – boules Quies pour les rires des voisins – procédure de divorce – désert social
Lits à baldaquin miniature	fil à broder – petite loupe pour regarder les détails – petits ciseaux à bouts ronds pour faire des réparations – petits personnages pour jouer des scènes

Ce qu'il ne faut surtout pas faire :

Suggérer que la duchesse de Polignac et sa meilleure amie Marie-Antoinette se seraient éventuellement verni autre chose que les ongles derrière les rideaux de leur grand lit. Anéantir le rêve de quelqu'un, c'est la chose la plus innommable que l'on puisse faire.

Plus haut, plus près

Situation n° 9 :

“ Vous êtes surchargé de boulot ”

Niveau de difficulté

Description de la situation :

J'ai une théorie. Au bureau, il y a deux catégories de gens : ceux qui croulent perpétuellement sous le travail, et ceux qui passent leurs semaines sur YouTube à commenter des vidéos de chats. D'après moi, ces deux catégories sont rigoureusement hermétiques : ce sont toujours les mêmes qui turbinent, et toujours les mêmes qui regardent tomber la pluie.

Ce chapitre est dédié à la première catégorie : celle des travailleurs acharnés. Les pauvres... Leur agenda est une poudrière. Ils ont l'impression que la foudre tombe toujours sur leur pomme et jamais sur celle des autres, ces foutus serpents dont ils maudissent (et admirent) la capacité à se faufiler toujours entre les urgences et les responsabilités. La vie n'est pas juste.

Si vous êtes un de ces bosseurs éperdus, alors bravo. Le monde a besoin de gens comme vous. Mais croyez-le, vous aussi, vous avez besoin de moi. Car la plupart des bosseurs éperdus s'imaginent, dans leur candeur, que le simple fait d'abattre des charges de travail monumentales suffira à propulser leur carrière vers les sommets... Ha ! Ha ! Ha ! N'est-ce pas un raisonnement adorable ?

Ce qu'il faut faire :

Vous souvenir de Patrick Vieira, d'Auguste Maquet et d'Étienne Roda-Gil. Vous avez oublié qui sont Patrick Vieira, Auguste Maquet et Étienne Roda-Gil ? C'est normal. Ce sont des travailleurs de l'ombre. Ils ont bossé toute leur vie comme des forcenés, mais les nigauds, ils n'ont jamais été fichus d'envoyer à la population les coucous qu'il fallait pour l'alerter sur le fait que leur travail était formidable. Et Dieu sait qu'il l'était : le premier a failli gagner la Coupe du monde 2006 à lui tout seul, le deuxième a écrit 97 % des *Trois Mousquetaires* et le troisième a pondu toutes les plus belles chansons de Julien Clerc. Bon, j'exagère, mais je le fais pour les besoins de la démonstration ; si cela vous amuse de trimbaler des hectolitres de flotte sur votre dos sans jamais en tirer la moindre reconnaissance, ne vous gênez pas : faites comme ces messieurs.

Prenez plutôt exemple sur Nicolas Sarkozy. À la maternelle de Neuilly, en 1993, il a extirpé un gosse terrifié des pattes du preneur d'otages, avec fermeté, courage et tout ce que vous voulez, mais ce qui compte, c'est qu'il l'a fait DEVANT les caméras. Alors que ces crétins de policiers du RAID, qui auraient pu se couvrir de gloire en mondovision, n'ont rien trouvé de mieux à faire que de se planquer derrière des cagoules trois trous... Pfff... Si vous voulez que votre labeur vous soit utile à quelque chose, retenez bien ceci : vos efforts n'ont d'intérêt que s'ils sont RECONNUS.

Comment faire pour que vos efforts soient RECONNUS ?

Commencez par travailler moins. Car pour assurer votre autopromotion, vous allez avoir besoin de libérer un peu de temps. Voici quelques pistes d'action pour mener votre campagne :

• Rendez compte, chaque soir, de vos réalisations à votre N+1. Exagérez la difficulté de la tâche, mais avec des mots froids, factuels, comme si vous écriviez une fiche Wikipédia. Ne montrez aucune fierté. Laissez-lui le soin de se dire : « *Oh là là ! Mais quel bourreau de travail, celui-là ! Et modeste, avec ça !* » Repartez en sifflotant.

• Idem avec votre N+2 et votre N+3 : adressez-leur chaque mois un document récapitulant tout ce que vous avez fait. Ajoutez des petits dessins amusants pour atténuer le côté formaliste.

• Entre la quantité et la qualité, pas une seconde d'hésitation : il vaut mieux 50 tâches torchées à 60 % plutôt que 10 tâches chiadées à 300 %. Le volume, le volume. C'est la seule chose que la postérité retiendra.

• Dénoncez les tire-au-flanc à votre hiérarchie. Vous êtes en position parfaite pour cela. Faites-le sans haine, sans jugement, mais avec des preuves solides.

• Ne vous plaignez jamais. Si vous avez besoin de geindre, allez faire un tour dans les catacombes.

• Faites en sorte que TOUT LE MONDE soit au courant de vos horaires. Chaque soir, au moment de partir, envoyez un amour de mail horodaté. Surtout, pas de mails collectifs : ils sont ostentatoires et exaspérants. Variez les destinataires. Et écrivez de votre ordinateur et non d'un smartphone, pour que l'on ne puisse pas vous soupçonner d'avoir agi de votre canapé.

• Ne travaillez JAMAIS à domicile : des quantités invraisemblables de gens rentrent chez eux à 18 heures (sous prétexte de s'occuper de leurs enfants) et se remettent au boulot après le dîner, chez eux, jusque tard dans la nuit. C'est ridicule. Vous aurez beau bûcher jusqu'à 3 heures du matin, les gens ne retiendront qu'une chose : vous vous êtes tiré à 18 heures.

• Adoptez tous les signes extérieurs du surmenage : yeux rougis, cheveux gras, chemise en dehors du pantalon (ou de la jupe)... Et n'hésitez pas à sentir mauvais. Pour certains d'entre vous, vous n'aurez pas besoin de vous forcer.

• Déléguez les tâches les plus stupides à Piou-Piou, le stagiaire. Il est là pour ça. Si vous avez besoin de vous défouler, mettez-lui des baffes et griffez-lui le visage. Il est là pour ça.

Ce qu'il ne faut surtout pas faire :

Rouler des mécaniques au point de laisser croire que vous en avez encore sous la pédale. Vous allez y perdre votre santé et je vais avoir de gros ennuis avec votre famille. Si mes disciples fayots se mettent à faire des « *burn-out* », c'en est fini de ma crédibilité...

" Il n'est pas loin d'être un sac à merde "

D'Éric Cantona à propos de son coach Henri Michel, sélectionneur national, qui ne l'avait pas retenu en équipe de France pour un match amical contre la Tchécoslovaquie (1988).

Situation n° 10 :

“ Vous excellez dans votre travail ”

Niveau de difficulté

Description de la situation :

Julien Trobien n'a pas toujours été le champion du monde du fayotage que vous admirez tant. Il a même connu, sachez-le, un début de carrière extrêmement chaotique. Pourquoi ? Parce que lorsqu'il était jeune, il était convaincu que pour réussir, la meilleure chose à faire était d'exceller dans l'accomplissement de sa tâche.

Pauvre Julien Trobien. Cette époque n'a pas été facile. Pendant des années, voilà comment il s'est comporté :

- Il est arrivé à l'heure à tous ses rendez-vous
- Il a proposé des idées créatives et innovantes que nul n'avait jamais eues
- Il a résolu tous les problèmes qui se présentaient à lui
- Il a abattu davantage de travail que tous les castors de l'Alberta
- Il a remis tous ses documents à son boss dans des petites pochettes plastifiées, quand ce n'était pas dans des petites pochettes cartonnées avec des étiquettes tapées à l'ordinateur
- Etc., etc.

Sur le papier, cela a l'air formidable. Mais la vérité, c'est que très rapidement, ce comportement a exaspéré tout le monde.

Ses collègues, d'abord. En mettant en lumière leur médiocrité, Julien Trobien s'est fichu la totalité de son équipe à dos. Sa popularité a plongé à un niveau si bas qu'à côté de lui, Gontran Montignan a eu des airs de Che Guevara.

Son boss, ensuite. Il s'est senti personnellement menacé. Pour se défendre, il s'est mis à pourrir la vie à Julien Trobien. Et un beau jour, il lui a fait la pire crasse qui soit : il l'a envoyé quatre mois en république de Slovaquie. C'est là que notre gourou a médité ses erreurs. Et préparé son renouveau.

Ce qu'il faut faire :

D'abord, ne pas croire que vous êtes à l'abri de cette situation. Elle peut parfaitement vous tomber dessus. Il suffit de peu de choses. Le soleil qui s'installe, votre conjoint qui cesse de vous casser les pieds deux jours d'affilée, un job qui convient plus ou moins à vos aptitudes, et hop, vous voilà le cador de service.

Si jamais cela se produit, pas de panique. Tout le monde a droit à l'erreur. Même Julien Trobien, à son retour de Bratislava, a reconnu les siennes. À sa descente d'avion, il a plissé les yeux comme Bruce Willis, puis il a dit : « *Je suis un homme nouveau. J'ai compris. Je sais désormais que, satané de crénom de bon Dieu, s'il y a une satanée de crénom de bon Dieu de chose à faire pour réussir au bureau, c'est de paraître humain.* »

Bon. Passons sur la formule. Julien Trobien sortait de quatre mois difficiles, il était sans doute marqué par le froid et l'alcool. Retenez simplement que si vous êtes trop talentueux au bureau, vous risquez d'avoir de gros ennuis. Je vous recommande donc un sain réflexe, qui consiste à injecter dans votre travail, de façon régulière, quelques touches d'imperfection, quelques écornures sympathiques qui vous mettront à l'abri du seul danger professionnel dont il faille se méfier : l'impopularité.

Exemples :

• Glisser, dans chaque document que vous rédigez, une ou deux fautes de syntaxe grossières. Votre boss se jettera sur l'occasion pour vous en faire la remarque et aura le sentiment d'exister

• Arriver, une fois par mois, en retard à une de vos réunions (choisissez des meetings peu importants mais visibles du plus grand nombre)

• Proposer, une fois par trimestre, une idée excellente, puis prétendre qu'elle vous a été inspirée par un de vos collègues

• Mettre, une fois par semestre, du rouge avec du orange. Dès que les commentaires arrivent, sourire bêtement, se moquer de soi-même, etc.

• Feindre, une fois par an, une baisse de motivation ostensible. La moindre des choses, si l'on veut « *paraître humain* »

• Etc., etc.

Compétent et populaire. Avec cela, votre N+2 a du souci à se faire...

Ce qu'il ne faut surtout pas faire :

Dans la série « *fautes de syntaxe grossières* », écrire « *sur Paris* » au lieu de « *à Paris* ». Certaines fautes méritent de n'être jamais pardonnées.

Situation n° 11 :

“ Vous vous mariez ”

Niveau de difficulté

Description de la situation

Vous avez décidé d'un lieu. D'une date. D'un traiteur. D'une tenue. Et puis aussi, tiens, d'un conjoint. Mais il y a une chose sur laquelle vous n'avez pas pu trancher : allez-vous, oui ou non, inviter votre boss à votre mariage ?

Le coquin n'attend que cela. Vous l'avez senti. D'abord parce qu'il adore les fêtes avec alcool gratuit, et ensuite parce qu'il vous apprécie beaucoup. C'est le revers de la médaille : vous avez tellement œuvré pour développer votre complicité que, dans son esprit, être exclu de l'événement ne semble même pas une hypothèse envisageable. Ce serait comme un coup de javelot dans le dos.

Mais d'un autre côté... Vous n'avez aucune envie de voir votre N+1 à votre noce. Ou plutôt, vous n'avez aucune envie qu'il VOUS voie à votre noce, en train de pleurnicher, de prononcer des phrases niaises comme « *Je promets de t'aimer fidèlement tout au long de notre vie* », de prendre du riz sur la gueule et de rouler des galoches à votre conjoint sur le perron d'un édifice public. Vous ne tenez pas non plus à ce qu'il voie vos parents, votre imbécile de tante, et encore moins à ce qu'il entende vos amis faire des discours pitoyables sur votre jeunesse et sur les terribles difficultés que vous avez eues pour obtenir votre permis de conduire.

Si vous étiez Sophie Gédi, votre collègue anti-fayote, la solution serait toute trouvée. Vous regarderiez votre N+1 dans les pupilles et lui diriez de votre grosse voix : « *Écoute, boss. À mon mariage il n'y aura que des proches... des amis... des gens que J'AIME, tu vois. Si tu viens, tu vas te sentir mal à l'aise et je ne saurai pas à quelle table te foutre. Mais si tu veux participer d'une autre façon, j'ai ouvert ma liste de mariage sur www.aubonheurdestruies.com.* »

Heureusement, vous n'êtes pas Sophie Gédi.

Mais le temps file. Le mariage est dans un mois. Les faire-part sont tous partis depuis des semaines. Votre boss commence à donner des signes d'impatience. Vous devez annoncer la couleur.

Ce qu'il faut faire :

L'inviter, voyons ! Mais à quoi jouez-vous ???

Sur une échelle de un à dix, le nombre de points gagnés pour une invitation à un mariage doit se situer aux alentours de cent mille. Imaginez deux secondes ce que signifie, pour un boss, d'être convié par son N-1 à l'événement le plus important de sa vie : c'est une consécration managériale. Rien de moins. Une marque de reconnaissance dont il va parler pendant six mois à sa famille en gloussant de fierté. Et vous, vous avez la possibilité de lui offrir ce satisfecit, et vous vous voudriez l'en priver ? Mais vous êtes bon pour l'asile, mon pauvre ami !

J'entends vos protestations. Vous vous dites : « *Je veux bien fayoter au bureau. Mais il ne faut pas pousser mémé. Ma vie professionnelle est une chose, et ma vie privée en est une autre. Je refuse de mélanger les deux.* » Très bien. Bravo. Vous pouvez faire l'intéressant, avec vos théorèmes, mais quand votre vie professionnelle s'écrabouillera sur le sol, je peux vous garantir que votre vie privée fera une drôle de tête. Le jour où votre conjoint vous réclamera une montre en or et que vous ne lui pourrez rien lui offrir de mieux qu'un bonnet, parce que vous aurez refusé de faire le nécessaire pour avoir une carrière potable, vous comprendrez la bêtise de votre couplet sur le cloisonnement.

Et puis, ce qu'on vous demande n'est tout de même pas compliqué : vous allez voir votre boss, un vendredi à 18 heures, vous lui mettez votre faire-part dans les mains et vous le regardez jubiler. Voilà. Avec un peu de chance, il aura déjà pris un engagement pour le jour J (surtout si vous attendez la dernière semaine). Sinon, eh bien, que voulez-vous : il sera de la partie. Ce ne sera pas un drame. Il vous verra en tenue d'apparat, il vous regardera mettre votre langue dans la bouche de quelqu'un, il écoutera vos parents vous ridiculiser au micro, et puis voilà tout. Vous serrerez les fesses, vous penserez à votre avenir et vous n'en ferez pas une maladie. Capito ?

Ce qu'il ne faut surtout pas faire :

L'asseoir à la table des enfants.

Situation n° 12 :

" Votre boss a un problème d'odeur "

Niveau de difficulté

Description de la situation :

Cela ressemble à des vapeurs de fromage. Ou, selon les avis, à des effluves d'huile de morue qui aurait séjourné un an sur un panneau photovoltaïque de Phoenix, Arizona. Cela ressemble à quelque chose que l'on ne peut pas vraiment décrire, parce que cela envahit l'espace, parce que cela bouffe toutes les particules de l'air ambiant et parce que l'étage préférerait s'immoler collectivement plutôt que de supporter cela un jour de plus.

Votre N+1 a un problème d'odeur. Un vrai. Tout le monde est au courant... Sauf lui. Mais comment fait-il ?

- Il a avoué, pas gêné, se doucher une fois tous les quatre jours pour économiser l'eau courante et mieux s'immuniser « *contre les bactéries* »
- Ses auréoles se forment vers 9 heures du matin, en toute saison, et ne tarissent plus jusqu'à la nuit tombée
- Il ne porte pas de chemises, mais des chemisettes à manches courtes, jaunes, toujours dégoulinantes et ouvertes à tous les vents
- Il anime les réunions d'équipe en position « *fraîcheur Narta* », c'est-à-dire debout, en agitant les bras en l'air pour donner corps à sa pensée
- Son odeur est stable, persistante, avec, de façon épisodique, des relents plus puissants
- Lorsqu'il approche à moins de 5 mètres de votre bureau, vous perdez brutalement votre concentration
- Lorsque vous le cherchez dans le bâtiment, vous pouvez le suivre à la trace
- À table, le simple fait de le voir arriver avec son plateau coupe l'appétit de tout le monde
- Dans l'avion, vous enregistrez votre siège à l'avance pour ne pas être placé près de lui. Mais cela ne fonctionne jamais, car une fois à bord, il convainc l'hôtesse de vous trouver deux places côte à côte...

Cela dure depuis trop longtemps. Personne n'a jamais osé rien entreprendre pour mettre fin à ce cauchemar. Mais maintenant, il faut agir.

Ce qu'il faut faire :

Balayer d'un revers de main toutes les solutions stupides proposées par Sophie Gédi, votre collègue brute de décoffrage :

• « *On n'a qu'à aller le voir tous ensemble et lui dire les choses franchement ?* » → Voilà une proposition typique de Sophie Gédi. Votre boss va vivre l'humiliation de sa vie, vous haïr et peut-être même se mettre à pleurer. Combien de fois faudra-t-il vous dire de bannir le mot « *franchement* » de vos stratégies professionnelles ?

• « *Dans ce cas, on n'a qu'à lui glisser des allusions subtiles pour lui faire prendre conscience de son problème ?* » → Bien sûr. Faites confiance à Sophie Gédi pour inventer des phrases subtiles. Cela pourrait être amusant à entendre, remarquez.

• « *Bon, alors si c'est ça, on n'a qu'à ouvrir les fenêtres et acheter des désodorisants à l'huile de banane ?* » → Nausées, migraines, pneumonies, un grand merci, Sophie, pour ce programme. Le cocktail parfait pour précipiter le geste fatal (homicide, hara-kiri, etc.).

• « *On n'a qu'à lui offrir un parfum ?* » → Parce qu'en plus de subir les effluves de Monsieur, il faudrait lui faire des cadeaux ?

Oubliez cela. Et suivez plutôt ce plan tout simple :

1) Ouvrez votre traitement de texte, puis tapez le message suivant : « *Cher Jean-Pierre, nous sommes plusieurs à penser que ton odeur corporelle est devenue intolérable. Nous te suggérons trois mesures pour remédier à cette situation : 1) quadruplement du nombre de douches ; 2) utilisation récidivée d'un déodorant absorbant ; 3) interdiction de porter des chemisettes. Signé : un membre de ton équipe qui te veut du bien.* »

2) Imprimez le message. Glissez-le dans une enveloppe. Écrivez dessus « *POUR JEAN-PIERRE* ». À la première absence de votre

boss, introduisez-vous discrètement dans son bureau et posez le message en évidence sur son clavier d'ordinateur. Déguerpissez. Et faites le guet.

3) Dès qu'il est de retour, comptez quarante secondes. Le temps qu'il lui faut pour découvrir l'enveloppe et prendre connaissance de son contenu.

4) À la quarante et unième seconde, prenez une grande bouffée d'air frais et faites irruption dans son bureau. D'un air très préoccupé, posez-lui une rafale de questions sur un de vos dossiers chauds du moment. Tout en parlant, posez un œil morne et indifférent sur le morceau de papier qu'il tient dans ses mains, comme si vous n'aviez AUCUNE idée de ce dont il pourrait s'agir. Il va immédiatement, et pour toujours, vous exclure de la liste des suspects.

Et voilà. C'est gagné. Votre boss déteste toute son équipe, sauf vous. Et désormais, longue vie aux chemises à manches longues !

Ce qu'il ne faut surtout pas faire :

Conduire une voiture avec 40 kilos de pommes de terre sur la tête.

" Pif ! "

De Christian de Neuvillette, membre de la compagnie des Gascons, à l'adresse de Cyrano et de son nez gigantesque (*Cyrano de Bergerac*, d'Edmond Rostand, 1897). Malgré cet acte de provocation, il aura la vie sauve. Merci Roxane.

Situation n° 13 :

« Votre boss vous raccompagne après une soirée arrosée »

Niveau de difficulté

Description de la situation :

Vous ne l'aviez jamais vu comme ça. Personne, au bureau, ne l'avait jamais vu comme ça.

Il a emmené l'équipe dans un restaurant de fruits de mer. Il a commandé des bouteilles de blanc. Il s'est mis à rire très fort. À raconter des blagues. Lorsque le poisson est arrivé, il a dit devant tout le monde que *Rocky III* était son film préféré. Lorsque le fromage est arrivé, il a demandé au patron de diffuser la chanson *Le Petit Bonhomme en mousse*. Lorsque le dessert est arrivé, il s'est mis debout sur sa chaise, a attrapé deux demi-citrons, les a appuyés contre ses tétons et a crié « pouet-pouet » en gloussant comme un enfant de huit ans.

Vous pensiez qu'il n'aimait que les tableaux croisés dynamiques et les procédures de contrôle de deuxième niveau. Eh bien non. Votre boss est un être humain. C'est une découverte ahurissante.

À la sortie du restaurant, toute l'équipe se retrouve sur le trottoir. Il est 1 heure du matin. Les transports en commun ont cessé de fonctionner. Épouvantés à l'idée de se rendre utiles, les taxis ont fait de même. La température est de 2 degrés. Il pleut. Soudain, alors que personne ne s'y attendait, votre boss sort sa clé de voiture. Il la brandit vers les étoiles et annonce en titubant qu'il est « *d'accord pour ramener qui veut* ».

Tout le monde regarde ses chaussures. Sauf Gontran Montignan, qui est encore occupé à se pincer les pectoraux avec des demi-citrons. Le responsable informatique se cache sous son bonnet. Roselyne Claudine se cure les gencives avec une arête.

– Non merci, je vais rentrer à pied.

– Non merci, je vais rentrer à pied.

– Non merci, je vais rentrer à pied.

Ce qu'il faut faire :

Vous régaler. Cette situation, c'est du beurre de cacahuète. Du praliné en boîte. Elle ne se représentera peut-être jamais.

Reculez d'un pas. Laissez vos collègues partir bêtement dans la nuit et parcourir à pied les 5 kilomètres qui les séparent de leurs domiciles vétustes et mal chauffés. Puis, dès que ceux-ci ont disparu, regardez votre boss dans les yeux et dites-lui que vous avez toujours rêvé de grimper dans sa voiture.

Installez-vous à sa droite. Ne lui demandez en aucun cas s'il est en état de conduire. Laissez-le empoigner le volant. Laissez-le remplir l'habitacle de son haleine de flétan aviné. Et surtout, félicitez-le pour la motorisation qu'il a choisie.

– Quelle belle soirée, va-t-il dire.

Ça y est. Il est heureux. Il est tout-puissant. Il est à point pour recevoir un petit lavage de cerveau.

Au premier feu rouge, lancez la conversation sur Gérard Buvard, son ennemi juré de l'étage numéro 22. Dites, d'un seul bloc, énormément de mal de lui. Faites-en une description affreuse. Défoulez-vous et n'oubliez pas que son cerveau alcoolisé n'est pas en mesure d'intégrer la moindre subtilité. Soyez le plus gras et le plus caricatural possible.

– Gérard Buvard, le connard ! Gérard Buvard, le crevard ! Gérard Buvard, le gros lard !

Grâce à un mécanisme cognitif extrêmement puissant, le cerveau de votre boss va établir, de façon inconsciente, une association d'idées indestructible entre votre voix et tout ce qui touche de près ou de loin à la justesse et à la sagacité. Veillez à ce que cette association se fixe bien dans son cortex. Prolongez l'expérience le temps qu'il faut (n'hésitez pas à mentir sur l'emplacement de votre domicile).

L'affaire est dans le sac. Dorénavant, dès qu'un son sortira de votre bouche, votre boss criera à vos imbéciles de collègues : « *Chut ! Écoutez !* » et vos mots seront pour toujours parole d'Évangile.

Tirez profit de la situation : expliquez à votre N+1 que vous seriez dix fois plus performant avec une voiture de fonction 3 litres à suspension active. Le nigaud va acquiescer et vous n'aurez plus jamais besoin de vous faire conduire pour rentrer du restaurant (pensez à demander une motorisation inférieure à la sienne).

Ce qu'il ne faut surtout pas faire :

Passer la tête dans son bureau, le lendemain de la fête et dire : « *Pouet-pouet !* »

Boss sweet boss

Situation n° 14 :

“ Votre boss est obsédé par les détails ”

Niveau de difficulté

Description de la situation :

7 h 12. Vous sortez de votre douche. Tout en vous séchant, pour commencer à vous immerger dans votre journée, vous jetez un œil à votre portable professionnel. « *Tiens ?* » vous dites-vous. « *Mon boss m'a écrit pendant la nuit ?* »

Oui, votre boss vous a écrit pendant la nuit. Et voici son message :

« *Bonjour,*

J'ai bien reçu ta présentation. Très pris par le temps, je l'ai lue en accéléré et me suis focalisé sur l'essentiel. Je la relirai à tête reposée ce jour, aux alentours de 16 h 12. D'ici là, voici mes premières remarques à chaud :

- *Pour quelle raison as-tu appelé ton document « Étude de faisabilité » ? À mon sens il s'agit d'une analyse et non d'une étude... Merci de me fournir tes arguments sur ce point.*
- *Merci de rechercher toutes les virgules et de t'assurer qu'il y a un espace après et pas avant.*
- *Page 6 : dans le graphique, remettre les couleurs que nous utilisons traditionnellement (pour mémoire Rouge : 131 – Vert : 18 – Bleu : 211).*
- *Page 8 : dans le quatrième paragraphe tu as écrit « ces dispositions ont été prises en amont de la la décision »... Est-ce délibéré de ta part d'avoir écrit deux fois le mot « la » ?*
- *Page 11 : j'ai additionné les pourcentages de ton tableau et obtiens un total de 100,02 %... Normal ? Pas normal ?*
- *Page 12 : remplacer « lancement » par « démarrage »*
- *Page 18 : remplacer « augmentation » par « accroissement »*
- *Page 19 : remplacer « de plus en plus élevé » par « croissant »*
- *Page 20 : remplacer « croissant » par « pain au chocolat »*
- *Page 32 : dans le premier paragraphe tu as laissé des guillemets ouverts mais pas fermés... Y a-t-il une raison à cela ?*

Voilà à ce stade les points marquants qui me viennent à l'esprit… Merci de prendre en compte ces commentaires et de faire évoluer ton document en ce sens.

Bien à toi, »

Quelle belle journée en perspective. Et quelle chance, surtout, d'avoir un boss qui sait si bien se focaliser sur l'essentiel…

Ce qu'il faut faire :

Lui donner à manger ce qu'il aime le plus au monde : des détails.

Il n'y a que cela qui l'intéresse. L'expression « *big picture* » lui hérisse le poil. Le mot « *synthèse* » lui donne des bouffées d'angoisse. Sa montre indique les secondes, les dixièmes et les centièmes et sa housse de couette serait, d'après la rumeur, décorée de papier millimétré. Votre boss aurait pu être horloger. Accordeur. Disséqueur d'insectes. Mais il a préféré être votre boss.

Ne faites pas comme Sophie Gédi. Ne lui dites pas : « *Mais on s'en fout, bordel !* » chaque fois qu'il vous pose une question. Ne faites pas non plus comme Piou-Piou, le jeune stagiaire, qui lui envoie du « *à peu près* », du « *en gros* » et du « *vite fait* » à longueur de phrase.

Votre boss a besoin de précision. De certitudes. Et de beaucoup, beaucoup de chiffres après la virgule. Soyez celui qui lui apporte cet oxygène. Inondez-le d'exemples et de données techniques. Laissez-le pinailler à sa guise et se goinfrer d'informations inutiles, il est venu sur terre pour cela. Et n'allez pas lui embrouiller les méninges avec des concepts vagues et des mots en « *-tion* ». Sauf si vous voulez qu'il cauchemarde de vous…

Parlez-lui avec un aplomb énorme : prenez une voix très forte, soulignez vos arguments en moulinant avec vos mains et faites sans cesse référence à des études scientifiques. Votre boss aime les valeurs refuges. Servez-lui de la statistique INSEE, du Label rouge et de la saucisse Herta. Enfin, vous avez compris l'idée.

Dernier point : votre boss a horreur de la nouveauté. N'allez pas l'effrayer avec des engins technologiques inattendus. N'allez pas changer la couleur de vos graphiques sans le prévenir (malheureux !). De même, lorsque vous l'accompagnez au restaurant, choisissez toujours le même menu. Et pendant que nous y sommes, nonobstant la question de l'hygiène, si vous pouviez venir chaque jour au bureau habillé à l'identique, vous deviendriez la personne la plus rassurante de son entourage professionnel, et donc la plus aimable, et donc la plus digne d'être rétribuée. Avouez que cela s'étudie...

Ce qu'il ne faut surtout pas faire :

Répondre ceci à son e-mail nocturne : « *Merci pour tes commentaires de haute volée. Pour info, 0,02 % c'est la probabilité que je termine l'année sans te mettre un triple coup de boule rotatif, ce qui nous ferait, sauf erreur ou omission, 1 080 degrés de rotation cumulée.* »

Situation n° 15 :

“ La femme de votre boss ressemble à Pierre Richard ”

Niveau de difficulté

Description de la situation :

Votre nouveau boss s'appelle Gérard. Il a pris ses fonctions à 9 heures. Il a réuni toute l'équipe. Il a fait un long discours sur les valeurs « *de solidarité et de conquête* », en utilisant vingt-sept métaphores tirées du rugby. Puis il a donné rendez-vous à chacun pour un entretien individuel, pour « *faire un peu connaissance* ».

Midi. Votre tour est arrivé. Vous passez une tête dans son bureau.

– Entre, dit-il, entre, je t'en prie !

La pièce est métamorphosée. Aux murs, Gérard a accroché des posters de New York (son prédécesseur aussi, mais ceux-là sont totalement différents car ils montrent Manhattan de jour tandis que les anciens montraient Manhattan de nuit). Sur les étagères, il a installé plein de gros livres consacrés à la gestion d'équipe, ainsi qu'une grosse coupe en argent, légèrement brunie, portant la mention « *Trophée du Manager 2004* ».

– Assieds-toi, dit-il. On va briser la glace.

Il vous questionne sur votre parcours. Vous le lui racontez point par point, en essayant de présenter chaque étape comme l'aboutissement évident de la précédente. Puis il vous demande quels sont vos hobbies.

C'est alors que, soudain, votre œil fait la rencontre d'un petit cadre posé sur son bureau. Une photo. Impossible de ne pas la regarder : Gérard, en tenue d'apparat, tient par la taille une créature qui a tout l'air d'être sa moitié. « *La vache* », pensez-vous. « *Mais ce n'est pas possible… Ce nez… Cette coiffure de berger hongrois… Je suis fou, ou mon nouveau boss sort avec Pierre Richard ?* » La ressemblance est spectaculaire. Vous êtes sous le choc.

« Oh, mais je suis bête ! » vous dites-vous. « Ce doit être son frère, ou son pote ! Ah mais non… Puisque Pierre Richard a un voile de mariée sur la tête. »

Soudain, vous réalisez que depuis cinq secondes vous avez cessé de parler. Depuis cinq secondes, vous avez l'œil rivé sur ce cadre. Votre regard croise celui de Gérard. Il vous a vu. Il vous a vu faire les yeux de Dali devant sa photo de mariage. Vous ne pouvez plus faire marche arrière. Vous devez dire quelque chose.

Ce qu'il faut faire :

Briser la glace, bien sûr.

Vous réfléchissez : « *Gérard s'appelle Gérard. Il est blond et costaud comme Gérard Depardieu. Si ça se trouve, leur mariage avait pour thème le cinéma et ils ont voulu faire un clin d'œil au film* La Chèvre... *C'est une hypothèse... Auquel cas, ce serait trop bête de ne pas rebondir dessus... Mais d'un autre côté, c'est tout de même terriblement risqué... Comment faire ? Ah ! Je sais ! L'air de rien, je vais glisser une petite allusion.* »

– Mes hobbies ? répondez-vous. Eh bien, je pratique les arts martiaux : judo, aïkido, karaté. Et la première chose qu'on nous apprend, c'est le contrôle. Par exemple, un type me traite d'abruti, je ne cogne pas. Je le regarde et je m'en vais.

Silence. Gérard fronce les sourcils. Zut... Votre réplique est tombée à plat.

– Excuse-moi, dit-il. Je reviens juste sur un truc... Tu as regardé ma photo d'un air bizarre... Il y a quelque chose qui t'interpelle ?

Tout à coup, une illumination.

– Oui ! répondez-vous. La robe de mariée de ta femme. C'est EXACTEMENT la même que celle de ma sœur.

– Ah ? s'esclaffe-t-il. C'est donc ça ? Parce qu'en te voyant écarquiller les yeux, je me suis demandé si tu ne l'avais pas déjà vue quelque part, ma femme...

– Hein ? Moi ? Mais non. Pas du tout...

– Tu sais pourquoi je te dis ça ? Parce que parfois, on me dit qu'elle ressemble un peu à Nicole Kidman.

– À Nicole Kid… Mais bien sûr ! C'est le nom que je cherchais ! Nicole Kidman ! C'est ça ! Elle ressemble à N cole KIDMAN ! Incroyable !

Gérard glousse de plaisir.

Et voilà. Au fond, ce n'est rien d'autre que cela, le management : se donner rendez-vous dans des bureaux décorés de posters de Manhattan, briser la glace et réconcilier les points de vue.

Ce qu'il ne faut surtout pas faire :

Afficher sur son bureau (ou sur son écran) des photos de son animal de compagnie. Cette pratique doit cesser au plus vite.

Situation n° 16 :

“ Votre boss est d’une vulgarité sans nom ”

Niveau de difficulté

Description de la situation :

Il n'est pas fou. Il n'est pas sous l'emprise de l'alcool. Il n'est pas atteint du syndrome Gilles de La Tourette. C'est juste que quand il parle, il parle comme ça :

« C'est pas déconnant, si tu veux. Commercialement, on commence à être légèrement dans le caca... On n'a pas encore le feu au fion, mais un moment donné, il va falloir se retrousser les manches et mettre la main dans le cul du poulet. Moi je leur ai dit aux mecs : "Les gars, putain, les gars, sérieux, arrêtez, putain, parce que si vous faites les cons, nous derrière, on se retrouve à se colmater le roudoudou et neuf fois sur dix on est bons pour se mettre les couilles sur la balustrade." Vrai ou faux ? À quoi ça sert, bordel, de faire le job, de se mettre les patates au fond du filet si derrière c'est pour que tout le monde soit là à se faire mousser la truffe ? Moi je le connais par cœur ce syndrome-là, et tu sais comment il s'appelle ? Il s'appelle le syndrome du trou de balle à coulisse. Eh ouais. D'ailleurs je te laisse, j'ai la taupe qui frappe au guichet, si tu vois ce que je veux dire, je vais aller mettre en marche le tuyau à cacao. »

Il ne peut pas s'en empêcher. C'est plus fort que lui. Chaque fois qu'il prononce une phrase, il en fabrique au moins une : une guirlande, fleurie, joyeuse, scatologique ou métaphorique, qui a le don de faire rebondir l'auditeur sur sa chaise.

Votre boss a un langage totalement « *inapproprié* ». Quelle que soit l'heure de la journée, il s'exprime comme un vendeur de laxatifs. Et ce qu'il y a de drôle, c'est que face à cette situation, vos collègues ont eux aussi des réactions totalement « *inappropriées* ».

Ce qu'il faut faire :

• Si vous étiez Claudine Roselyne, vous sanctionneriez chaque obscénité de votre N+1 d'un haussement de sourcil méprisant, d'un rire sardonique, d'un regard écœuré et d'une moue écœurante.

• Si vous étiez Gontran Montignan, vous feriez croire à votre boss que vous adorez sa rhétorique. Vous applaudiriez tous ses gros mots et lui offririez pour Noël *Le Grand Dictionnaire des saloperies* (dans l'hypothèse où il existerait), ainsi qu'un album en papier glacé contenant ses meilleures expressions accompagnées de croquis illustratifs ayant trait à l'histoire mondiale des sanitaires.

• Si vous étiez Roland Lebonvivant, votre collègue féru de rugby à quinze, vous opteriez pour la surenchère. En bon poète de l'ovalie, vous donneriez de gigantesques tapes dans le dos de votre boss et lui beugleriez à l'oreille vos pensées les plus élaborées, comme par exemple votre désir de voir la jeune Sabrina vous « *faire une sucette à la viande* » ou vous « *mazouter le pingouin* ». Entre gentlemen…

Mais par bonheur, vous n'êtes ni Roselyne Claudine, ni Gontran Montignan, ni Roland Lebonvivant, et vous avez compris qu'en retour de ses babillages excrémentiels, votre boss n'attendait ni sarcasme, ni extase, ni concurrence… Non. Ce qu'il attend, de façon plus ou moins consciente, chaque fois qu'il ouvre la bouche, c'est que vous soyez CHOQUÉ.

Faites cela pour lui. Il déploie tant d'énergie. Tant d'audace. Rendez-lui le prix de son investissement. Adoptez la seule attitude qu'il cherche à provoquer : celle d'une maman offusquée.

Quelques exemples de minois dont vous pourrez vous inspirer :

• Vincent Lindon, Zabou Breitman et Yves Robert au moment du pétage de plombs de Maria Pacôme dans *La Crise*

• Les membres de la famille Klingenfeldt au moment où Christian, jeune homme bien élevé, décide de saccager l'ambiance du repas familial dans *Festen*

• L'empereur Joseph II et toute sa cour au moment où le jeune Mozart leur explique qu'il en a marre des opéras mythologiques et de leurs personnages « *qui chient du marbre* » dans *Amadeus*

• Raymond Domenech au moment où Nicolas Anelka, jeune footballeur au verbe agile, met son discours d'équerre avec sa pensée dans le vestiaire de l'équipe de France à la mi-temps du match France-Mexique, pendant la coupe du monde 2010

• Moi-même, au moment où j'ai appris que ma petite cousine avait payé 86 euros pour une place de concert de Justin Bieber

En imitant ces faciès, vous donnerez à votre boss le sentiment du travail accompli. Il aimera l'image que vous lui renvoyez. Il s'aimera à travers vous. Et il vous aimera vous... ce qui est tout de même le but. Alors au travail, bordel de merde !

Ce qu'il ne faut surtout pas faire :

Écrire « :poop: » en commentaire de ses posts sur Facebook. Si vous saviez ce que cela donnait... Quoique. Il pourrait adorer.

“ Sire… le roi n’est pas un sujet ”

De Grégoire Ponceludon de Malavoy (Charles Berling), en réponse au roi Louis XVI (Urbain Cancelier) qui lui demandait : « Faites-nous un mot, là… au débotté… Sur moi, par exemple ! » (*Ridicule*, de Patrice Leconte, 1996).

Situation n° 17 :

" Vous êtes beaucoup plus grand que votre boss "

Niveau de difficulté

Description de la situation :

S'il se mettait une jarre sur la tête, vous pourriez boire dedans. Et encore. Avec une sarbacane. Pauvre boss... Il fait de la peine à tout le monde. Surtout lorsqu'il se met à courir dans les couloirs. On croirait voir une boule de pétanque lancée sur la moquette. Et encore. Un cochonnet.

Lorsqu'il prononce des discours (pots de départ, etc.), tous les membres de l'équipe baissent les yeux. Non pas de consternation. Mais parce qu'il est physiquement impossible de faire autrement (foutue politesse, qui exige que l'on regarde les gens quand ils parlent).

L'autre jour, à la cantine, vous attendiez derrière lui avec votre plateau dans les mains. Vous avez eu une vision d'épouvante. Vous vous êtes dit qu'à la moindre maladresse, vous pourriez retapisser son crâne avec vos lasagnes. Imaginez la catastrophe (foutue politesse, qui exige que l'on ne répande pas son déjeuner sur la tête des gens).

Le moins que l'on puisse dire, c'est que Sophie Gédi ne partage pas vos scrupules. Hier, à table, alors qu'il était question d'un documentaire sur l'évolution de l'espèce humaine, elle s'est extasiée pendant dix minutes sur le fait que la taille moyenne des hommes de Cro-Magnon était d'1,83 m. « *T'imagines ?* » a-t-elle dit en posant sa main sur le bras de votre boss. « *Pour toi, ça aurait été ENCORE pire !* » Tout le monde a plongé le nez dans son assiette. Et dans la foulée, elle lui a balancé : « *Mais au fait, je me suis toujours demandé... Quand tu arrives dans l'avion, ton bagage à main... t'en fais quoi ?* »

Inutile de vous dire ce que je pense du comportement de Sophie Gédi. La vie est dure pour les personnes de petite taille, vous savez. Il serait bon que vous facilitiez celle de votre boss. Pas pour des raisons humanitaires, naturellement. Mais dans l'intérêt de votre carrière.

Ce qu'il faut faire :

Considérer le problème sous un angle technique. Si vous voulez tirer quelque chose de cette histoire, voici trois grands leviers d'action à exploiter :

1. Le langage

Surveillez le vôtre de près. Bannissez de vos phrases les mots « *petit* », « *minuscule* », mais aussi les termes plus indirects comme « *décroissance* », « *tassement* » ou « *Liechtenstein* » dont la résonance avec la thématique du nanisme est presque encore plus forte. Votre boss lutte contre son complexe depuis qu'il est tout ~~petit~~ gosse, inutile de l'y ramener chaque fois que vous ouvrez la bouche.

2. La posture

Privilégiez la position assise. Vous occupez un emploi de bureau, ce n'est pas pour passer vos journées à gambader ou à faire le pied de grue. Profitez du fauteuil mis gratuitement à votre disposition. Vautrez-vous-y. Et si vous devez circuler dans les locaux... servez-vous des roulettes. Vos collègues feront les étonnés, mais très vite, ils s'habitueront. L'objectif est que votre boss vous voie toujours du dessus. Et qu'enfin, vous aperceviez ses trous de nez. Vous allez commencer à lui plaire.

3. Les références

Souvenez-vous de Dickens : « *La détestation des grands est une louange involontaire des petits.* » Utilisez la réciproque (plus basique) et faites l'éloge de personnes de petite taille dès que l'oreille de votre boss traîne dans les parages. Adaptez-vous à ses goûts. C'est un sportif ? Extasiez-vous sur Messi (1,69 m), Chang (1,65 m) et Maradona (1,65 m). Il aime la chanson ? Bavez sur Prince (1,56 m), Kylie Minogue (1,55 m) et Édith Piaf (1,47 m). Il admire les criminels ? Dites-lui du bien de Staline (1,67 m), d'Hirohito (1,65 m) et de Shakira (1,57 m). Il jubile ? Vous avez gagné.

Vous avez compris l'idée. Si grâce à vous, votre boss réussit à oublier sa condition et à se sentir sublimé, il aura inconsciemment envie de vous récompenser. Vous pourrez compter sur sa grandeur d'âme : je parie qu'il a horreur des petits salaires, des petites voitures et des petits logements de fonction.

Ce qu'il ne faut surtout pas faire :

Être Sophie Gédi. Impossible, dans la rubrique « *Ce qu'il ne faut surtout pas faire* », de ne pas lui rendre hommage.

Nécessaire à fayotage

Situation n° 18 :

“ Vous êtes le Big Big Boss ”

Niveau de difficulté

Je vous entends d'ici.

Vous vous dites : « *Ce livre ne me concerne pas, voyons. Puisque je suis le Maître suprême.* »

Vous avez raison. Vous avez raison parce que vous êtes le grand manitou, et parce que le grand manitou, il fait ce qui lui plaît. Ne lisez pas mes conseils. Abstenez-vous de fayoter. Vous n'en avez pas besoin puisque, justement, vous n'avez personne avec qui fayoter. Si ce n'est, bien sûr avec vos actionnaires. Vos administrateurs. Votre conseil de surveillance. Vos banquiers. Vos clients. Vos partenaires. Vos fournisseurs. Vos sous-traitants. Vos bailleurs. Vos avocats. Votre député. Votre conseiller régional. Votre maire. Votre ministre de tutelle. Vos inspecteurs du fisc. Vos inspecteurs URSSAF. Vos inspecteurs du travail. Vos inspecteurs hygiène et sécurité. Votre épouse. Votre maîtresse. Votre gardien d'immeuble. Votre boulangère. Votre vendeur de cigares. Votre dealer. Vos parents…

Mais ces deux ou trois péquins mis à part, vous pouvez être tranquille. Vous n'avez nullement besoin de fayoter. Ce livre ne vous concerne pas, c'est évident.

Crétin.

LE FAYOT EN SITUATION DE CRISE

Situation n° 19 :

“ Votre évaluation de fin d’année s’annonce mal ”

Niveau de difficulté

Description de la situation :

Il les enchaîne. Depuis 8 heures ce matin, votre boss n'a pas levé le derrière de son fauteuil. Les membres de l'équipe défilent un à un devant lui, les joues blêmes et le cœur trépidant, pour vivre le moment le plus romantique de leur existence professionnelle : leur entretien d'évaluation de fin d'année.

– Entrez !

C'est votre tour. Vous poussez la porte de son bureau. Une violente odeur de macération humaine vous saute au visage, comme si un cours collectif de karaté venait d'avoir lieu au centre de la pièce. Votre boss a l'air épuisé. Ses cheveux partent dans tous les sens. Il a les yeux hagards et il est probable qu'il vous regarderait de la même façon si vous étiez un bison ou la princesse de Clèves. Vous vous asseyez en face de lui.

– Besoin tu as que je dérouler l'entretien t'explique comment va se ?

Foutu surmenage. Le pauvre gars n'arrive même plus à sortir ses mots dans le bon ordre. Vous lui demandez de vous expliquer le déroulement de l'entretien, bien que vous le connaissiez déjà par cœur. Cela fait quinze jours que vous n'en dormez plus…

Il extirpe de son tiroir une fiche d'évaluation remplie à la main, cousine à peine dissimulée de votre carnet de notes de CM2. Vous vous attendez au pire. Car cette année, plus encore que d'habitude, vous avez déçu l'intégralité des attentes placées en vous… Vous avez sous-performé dans les grandes largeurs. Serait-ce lié au fait que vous avez travaillé en moyenne un jour sur cinq ? Brrrr… Seule consolation, vous n'aurez pas à faire signer cette foutue fiche par vos parents.

Ce qu'il faut faire :

Prendre les devants. Si vous attendez votre sentence tel Anne Boleyn sur son billot, eh bien le glaive va tomber, croyez-moi.

Votre boss est fourbu, il a soixante-dix-huit critères d'évaluation à vous commenter et à peu près autant de choses désagréables à vous dire, alors si vous voulez que cet entretien se passe correctement, commencez par lui mâcher un peu le travail.

Dites d'un ton convaincu que vous pensez avoir fait une « *bonne année* ». Trouvez-vous deux ou trois mérites et parlez-en dix minutes durant en citant un maximum d'exemples. Ajoutez que vous êtes « *parfaitement conscient* » des points que vous devez améliorer, mais sans rentrer dans les détails (il s'en chargera). Si vous êtes persuasif, il va se sentir légèrement coupable des méchancetés qu'il s'apprête à vous balancer. Peut-être même va-t-il atténuer son jugement à votre sujet.

Puis soudain, de but en blanc, regardez-le dans les yeux et dites-lui « *merci* » pour l'année passée à ses côtés. Pudiquement mais tendrement. Il va se sentir désarmé et il va renoncer pour de bon à vous passer un savon, car il est très difficile, je vous l'assure, de cogner sur la tête de quelqu'un qui vient de vous dire merci.

À son tour de causer. Le voilà qui se lance dans sa litanie de reproches. Mais grâce au travail de damage que vous venez de réaliser, votre boss y ajoute tout un tas de nuances pastel qui adoucissent considérablement le diagnostic.

Fermez-la. Écoutez-le discourir en acquiesçant du menton et en martyrisant votre cahier avec votre stylo, comme si vous n'aviez jamais reçu autant d'informations passionnantes d'un seul coup. Ne vous défendez pas. Reformulez ce que le maître dit avec des mots positifs. « *Oui, je comprends. Oui, je dois progresser là-dessus.* » Il va se dire qu'à défaut d'être son collaborateur le plus performant, vous êtes une personne à l'écoute, douce et volontaire. Si vous saviez le nombre de couples qui tiennent des années avec ce compromis...

Demandez-lui des conseils. Réclamez-lui des formations. « *Incroyable* », va-t-il se dire. « *Il veut vraiment progresser. Il faut que je l'aide...* » Et abracadabra. Ce n'est plus votre bourreau que vous avez en face de vous : c'est votre sauveur.

Et maintenant, branchez les violons. L'entretien de fin d'année est un temps d'échange rare. Privilégié. Faites-en un grand moment d'émotion. Lancez-le sur sa famille, sur les parties de pêche avec son père, sur la littérature américaine… Il vous FAUT un instant de vérité. De vibrato. Versez une petite larme (je vous avais bien dit « *romantique* ») et dites que cette conversation vous a « *fait grandir* ». Et bien entendu, pas un mot sur votre salaire. Ce serait du sabotage. Imaginez DiCaprio, au moment de disparaître dans l'eau glacée du Titanic, lancer au spectateur : « *Eh, mec, tu l'as payée combien ta place ?* »

Ce qu'il ne faut surtout pas faire :

Prendre pour argent comptant l'exercice du « 360 ». Sophie Gédi tombe dans le panneau tous les ans. Si votre chef vous demande votre opinion sur lui-même, gardez la vérité au fond de vous. Chantez-lui une belle chanson d'amour et prenez-le dans vos bras.

Situation n° 20 :

“ Votre pire ennemi devient votre N+1 ”

Niveau de difficulté

Description de la situation :

Cela fait des années que vous le haïssez. Que votre estomac gonfle comme un poisson-globe dès qu'il apparaît dans l'open-space. Que vous appuyez sur le bouton ▶I◀ dès qu'il s'approche de l'ascenseur. Que vous propagez sur lui des calomnies dans l'espoir de détruire son image. Que vous lui dérobez ses capsules Nespresso en les remplaçant par des capsules Super U. Que vous rêvez d'utiliser une agrafeuse pour réunir ses lèvres. Que vous l'imaginez allongé sur une table en Formica sur laquelle Conan le Barbare et dix de ses cousins sauteraient à pieds joints avec des crampons à glace. Que la guerre entre vous deux est déclarée. Que, sur le moindre sujet, vous échangez des mails écrits en rouge contenant au moins soixante bullet-points d'arguments irréconciliables. Qu'il vous déteste autant que vous et peut-être même un peu plus...

C'est officiel depuis ce matin : votre pire ennemi est devenu votre N+1. Il a été nommé à la place que vous convoitiez. Celle avec imprimante et balconnet privatifs. Il jubile. Il vous regarde d'un air narquois. Pour être plus précis, il vous regarde avec l'air de celui à qui il vient de pousser des griffes aux pieds, des ailes de licorne dans le dos et une tronçonneuse rétractable au bout du bras.

Ce qu'il faut faire :

La paix. Eh oui. C'est terrible à entendre, c'est obscène et tout ce que vous voulez, mais à moins de choisir le scénario du putsch (pour lequel je ne vous donnerai AUCUN conseil), le calumet est la seule stratégie qui tienne. Voici le scénario que je vous recommande :

Étape 1 : préparez-vous psychologiquement

Le saut à franchir est considérable : vous allez devoir copiner avec un être dont vous rêveriez de remplacer l'eau de toilette par de l'acide chlorhydrique. C'est une véritable remise à zéro de votre cerveau que vous allez devoir réussir. Une telle bascule demande beaucoup de volonté. De largeur d'esprit. Pour y arriver, relativisez les choses. Posez-vous de véritables questions, par exemple : coucheriez-vous avec lui pour sauver mille chiens lépreux ? Et pour sauver la couche d'ozone ? Et pour sauver le système de retraite par répartition ? Ou bien, toutes choses égales par ailleurs, en échange d'un milliard d'euros, accepteriez-vous de passer le reste de votre vie avec une jambe en mousse ? Agitez vos méninges. C'est en remettant les choses en perspective que vous trouverez la voie de la sagesse.

Étape 2 : faites-lui allégeance

Une fois mentalement disposé, écrivez-lui un e-mail pour avouer votre défaite. Dites-lui qu'il a gagné. Qu'il est le meilleur. La ficelle est énorme… Mais elle va faire un bien fou à son ego et dégonfler la baudruche que l'un et l'autre avez nourrie en gaz carbonique pendant des années. Et qui sait, peut-être aura-t-il le triomphe modeste ? Quoique… Les triomphes modestes sont une chose très rare chez les foutriquets de cette espèce.

Étape 3 : enfouissez la hache de guerre

Le pardon est la marque des forts. Pensez à Jean-Paul II. Allez voir votre nouveau boss et faites-lui une petite tirade : « *Tu sais… J'ai changé… J'ai beaucoup réfléchi… J'adorerais que tous les deux, on réussisse à travailler ensemble…* » Si besoin, venez avec une petite musique d'ambiance. Tenez cette attitude dans le temps : vos différends vont s'estomper. Vous en viendrez presque à oublier le passé.

Regardez-moi, par exemple. Voulez-vous savoir le nom du plus grand ennemi que j'aie jamais eu ? Il s'appelle Trobien. Eh oui. Autrefois, je détestais Julien Trobien. J'abhorrais Julien Trobien. Jusqu'au jour où je suis devenu son supérieur hiérarchique…

Ce qu'il ne faut surtout pas faire :

Avoir un ennemi juré. Tout le problème est là… Retenez la leçon pour la prochaine fois.

“ Je ne peins que l’Histoire ”

Du peintre David, en réponse au duc de Wel ington qui lui demandait de faire son portrait. Rappelons que David était le portraitiste-propagandiste en chef de Napoléon et que la scène a eu lieu peu de temps après Waterloo…

Situation n° 21 :

“ Vous demandez une augmentation ”

Niveau de difficulté

Description de la situation :

Non, non et NON ! Je ne suis pas d'accord avec le titre de ce chapitre. On ne « *demande* » pas une augmentation ! On ne se compromet pas dans cette scène grotesque, qui consiste à toquer à la porte de son supérieur hiérarchique, à entrer en tremblant et à demander d'une voix pleine de honte judéo-chrétienne s'il serait possible d'envisager une revalorisation salariale de 3 %... Laissez cette séquence à vos collègues ou à ces films français consacrés au monde des cols blancs et réalisés, on le renifle à des kilomètres, par des gens qui n'y ont jamais mis les pieds de leur vie.

Ne soyez pas cornichon. Vos chefs se doutent bien que vous seriez partant pour recevoir un peu plus d'argent à la fin du mois. Tout le monde a envie de gagner plus. D'avoir un appartement avec plus de chambres, une voiture avec plus de chevaux et une bouche avec plus de dents. Quel intérêt auriez-vous à le dire ? Aucun. Si ce n'est, soyez-en sûr, de vous faire une image de quémandeur vulgaire, rampant, totalement résigné à sa condition de larbin interchangeable.

Certains larbins iraient même jusqu'à présenter des arguments... Des arguments ! Et pourquoi pas des prospectus, pendant que nous y sommes ? Soyons sérieux, avez-vous déjà dragué quelqu'un en disant : « *J'attire ton attention sur mes cheveux, qui sont d'une brillance au-dessus de la moyenne, ainsi que sur mon humour, qui a un impact substantiel auprès de la tranche 25-45 ans* » ? Non. Si vous avez besoin de déballer des arguments pour convaincre votre boss de vos mérites, c'est que vous avez manqué tout au long de l'année à votre mission de fayot. Trop tard. Il fallait prendre le problème en amont.

Comme dirait Julien Trobien, une augmentation de salaire ne se demande pas. Elle s'obtient.

Ce qu'il faut faire :

Suivre les conseils dispensés tout au long de cet ouvrage. Je ne peux rien vous dire de mieux. Si vous les mettez en application scrupuleusement, l'augmentation vous tombera dessus tout naturellement, comme l'eau de pluie sur le planteur de salades. Parce qu'elle se sera imposée d'elle-même, comme une évidence, aux yeux de votre hiérarchie énamourée. La voilà, la méthode.

Mais si vous y tenez... Si, vraiment, vous vous êtes mis dans une panade financière telle que vous songez à réduire votre consommation de shampooing spécial brillance, alors voici quelques actions pour accélérer le processus :

- Cesser de vous laver les cheveux
- Cesser de cirer vos chaussures
- Cesser de prendre du dessert à la cantine
- Laisser traîner des tickets de Loto perdants sur votre bureau... ou plutôt de Bingo et de Black Jack, qui font encore plus nécessiteux
- Laisser échapper que vous avez renoncé à offrir des crayons de couleur à votre neveu pour des raisons budgétaires
- Casser le verre de votre montre et le garder en l'état
- Laisser échapper que votre conjoint utilise son DIF pour suivre une formation d'escorting
- Appeler tous les deux jours sur la ligne fixe de votre boss, en prenant la voix d'une Séverine ou d'une Sandrine, dire que vous êtes membre d'un cabinet de recrutement anglo-saxon, puis demander à parler à vous-même (ne pas oublier de changer de voix en prenant l'appel)
- Laisser traîner sur votre bureau une fausse proposition d'embauche émanant d'une firme concurrente mentionnant une rémunération 30 % supérieure à la vôtre
- Etc., etc.

Le moment venu, lorsque votre supérieur hiérarchique vous annonce l'augmentation désirée, montrez votre reconnaissance. Pudiquement, mais avec un soupçon d'émotion. Dites que vous êtes avide de rendre à l'institution la confiance qu'elle vous accorde. Ne pleurez pas, non plus. Un peu de tenue.

Ce qu'il ne faut surtout pas faire :

Cesser de vous laver les cheveux. À la réflexion, je retire cette idée. Rien n'est plus important que d'avoir des cheveux bien hydratés, souples, brillants, nourris, résistants, volumineux, colorés, toniques, soyeux, scintillants, éclatants de santé de la pointe à la racine. Toute ma compétence de fayot professionnel pour VOS cheveux.

Situation n° 22 :

“ Vous êtes très mauvais dans votre travail ”

Niveau de difficulté

Mais on s'en fiche, je vous dis. Combien de fois faudra-t-il vous répéter que ce n'est pas le sujet ?

La reconnaissance, la vraie

Situation n° 23 :

“ Une réunion tourne au pugilat ”

Niveau de difficulté

Description de la situation :

Et soudain, tout a dérapé. Gontran Montignan a dit : « *Il faut qu'on mette l'accent sur le pilotage.* » En entendant ces mots, Sophie Gédi a fait un bruit spectaculaire avec son gosier. Comme si elle avait avalé une râpe à fromage. Elle a protesté : « *Le pilotage ? Tu veux dire le suivi, j'espère ?* » « *Non, non* », a maintenu Gontran Montignan. « *Pour moi, le problème ce n'est pas le suivi. C'est le pilotage.* »

Il n'en fallait pas plus pour mettre le feu à la salle de réunion.

Deux factions se sont formées : celle qui trouvait qu'il fallait améliorer « *le pilotage* », et celle qui trouvait qu'il fallait améliorer « *le suivi* ». Las. Quand on a affaire à deux visions aussi antagonistes, le clash est inévitable. Électrisés par le débat, les protagonistes n'ont pas tardé se radicaliser : ils ont élevé la voix, multiplié les arguments abusifs et, bien sûr, traité l'adversaire de nazi[3].

Tout ce vacarme vous a réveillé. En réalisant l'ampleur de la déchirure, vous vous êtes demandé comment l'adorable présentation PowerPoint de Gontran Montignan avait pu aboutir à tant de haine.

Mais peu importe. Ce qui compte, c'est de savoir comment vous devez vous comporter lorsqu'une réunion tourne ainsi à la baston générale.

Ce qu'il faut faire :

Tourner deux cents fois votre langue dans votre bouche avant d'esquisser la moindre intervention. Dans les bureaux, les conflits larvés sont légion, mais les guerres déclarées sont aussi rares que les sourires d'Anna Wintour. Un street fight comme celui-ci sera donc retranscrit, relayé à tous les étages du bâtiment et peut-être même filmé par des petits malins. Méfiance.

Le bon fayot fuit les conflits comme la peste noire. Il ne trempe jamais dans les querelles partisanes. Il est pur comme l'eau

3. Voir le syndrome de Godwin. Très scientifiquement,

douce et ignore les mots « *passion* » et « *engagement* » (que veulent-ils dire, d'ailleurs ?).

Si vous voulez gagner des points dans cette affaire, restez aussi neutre qu'un bol de tisane. « *On ne sort de l'ambiguïté qu'à son détriment* », disait un célèbre ecclésiastique. Observez les débats d'un air grave, en levant le sourcil comme David Beckham, mais surtout, ne dites rien qui vous engage. C'est ainsi que vous éviterez les éclaboussures.

Si votre chef s'engage dans la bataille, envoyez-lui des regards de soutien. Mais n'en faites pas plus. Ne vociférez pas comme Sophie Gédi. Vous allez vous faire des tas d'ennemis. Et après, vous irez pleurer pour que je vous aide à vous en débarrasser.

Pour certains d'entre vous, suivre ce conseil sera une promenade de santé. Mais pour d'autres... ce sera une véritable torture. Alors, à tous ceux qui ont le sang chaud, à tous ceux qui ont la bave aux lèvres dès qu'il y a du grabuge : courage. Respirez très fort et prenez sur vous. Pour vous soulager :

- Squash, boxe thaïe, hooliganisme
- Camomille, anxiolytiques, salsepareille
- Thérapie par la parole, par la danse ou par le « *fracassage* » (discipline consistant à se réunir en groupe et à « *fracasser* » des objets sur tous types de sols, voir clubs spécialisés / Fédération française de fracassage)
- Méditation, acupuncture, choucroute garnie...

Au sortir de la réunion-pugilat, allez débriefer avec chacun des participants. Dites oui à tout ce que vous entendez. Souriez. Désormais, dans l'esprit des gens, vous êtes une sorte de Vierge immaculée. Une chouquette. Un doudou. Vous pouvez aller vous recoucher.

Ce qu'il ne faut surtout pas faire :

Confondre « *suivi* » et « *pilotage* ». Un amalgame aussi ÉNORME, cela mérite la TAULE, nom de Dieu !

Situation n° 24 :

“ Votre N+1 et votre N+2 se détestent ”

Niveau de difficulté

Description de la situation :

Julien Trobien est un grand philanthrope. Chaque soir, il anime une émission de radio intitulée *Les fayots prennent l'antenne*, dans laquelle il dispense, de façon gratuite, ses conseils à l'immense foule des anonymes.

Cette émission est une merveille. Je l'écoute tous les soirs. Le moment que je préfère, c'est celui où les auditeurs viennent poser leurs questions à l'antenne. Ils se bousculent au standard, et voici, parmi leurs interrogations brûlantes, un cas qui revient particulièrement souvent :

– Bonsoir, monsieur Trobien ! Tout d'abord, je voulais vous dire que j'adore votre émission.

– Merci beaucoup. Quelle est la raison de votre appel ?

– Alors voilà, j'ai un gros problème... je suis dans une situation impossible... je ne sais pas comment faire...

– Calmez-vous. Racontez-moi.

– En fait, ce qui se passe, c'est que... mon N+1 et mon N+2 ne peuvent pas se voir en peinture... Ils n'arrêtent pas de se taper dessus.

– Développez.

– Ils sont dans un conflit de pouvoir terrible... ou un conflit d'ego, je ne sais pas...

– Quel problème cela vous pose-t-il ?

– Je ne sais jamais sur quel pied danser ! Je reçois des ordres contradictoires... l'un me dit blanc, l'autre me dit noir... je suis sans arrêt pris entre deux feux... comme si j'étais écartelé... c'est tellement compliqué... tellement inextricable... je pense que je n'arriverai jamais à me sortir de là, BOUUU-OUUH !

C'est un grand classique. Les auditeurs prononcent ces mots, puis se mettent à pleurnicher devant trois millions d'auditeurs. À les entendre, on croirait qu'ils vivent la situation la plus épineuse de toute l'histoire de l'humanité, comme s'ils étaient coincés dans le labyrinthe du Minotaure ou dans un Rubicube géant à douze faces sur lequel les fusils de Staline, de Trotski, de Zinoviev et de Kamenev étaient simultanément braqués.

Ce qu'il faut faire :

Arrêter de vous noyer dans un verre d'eau. Et écouter la voix du maître :

– Cessez de pleurer, voyons. Connaissez-vous les fables de La Fontaine ?

– Oui...

– Et dites-moi, en cherchant dans vos souvenirs, pourriez-vous me citer le premier vers du *Loup et l'Agneau* ?

– Si ma mémoire est bonne, c'est : « *La raison du plus fort est toujours la meilleure.* »

– Bravo. Et ce La Fontaine, d'après vous, a-t-il pour habitude de raconter des carabistouilles ?

– Non.

– Et donc, si j'en reviens à votre cas, à votre avis, de quel côté vaut-il mieux vous ranger ?

– Ben, je dirais... Celui de mon N+2.

– Bravo.

Ce n'est pourtant pas compliqué. Si votre N+2 passe ses journées à flanquer des coups de pioche sur le crâne de votre N+1, il n'y a qu'une chose intelligente à faire : pareil. Soyez la deuxième mâchoire de la tenaille. Soyez la deuxième voiture de flics qui barricade la rue et ferre le fuyard par-derrière. Soyez le traître de la cordée, celui qui coupe la ligne de vie et qui tire délicatement sur le talon du type au-dessus, jusqu'à ce qu'il bascule et aille s'écrabouiller dans la vallée. Vous avez compris ou non ?

– J'ai moi-même été dans cette situation, raconte Julien Trobien. Et voici ce que j'ai fait : pour commencer, j'ai offert chaque matin une brioche au chocolat à mon N+2. Je lui ai dit que je préférais prendre mes ordres auprès de lui et que j'avais terriblement envie de « *monter en responsabilités* ». « *Message reçu* », m'a-t-il dit. Ensuite, un soir, je suis entré dans le bureau de mon N+1 et je lui ai demandé ce qu'il pensait de son propre boss. Au début, j'ai dû l'aider. Puis, assez vite, il s'est lâché : jugements gratuits, insultes en allemand, cris de babouin... J'ai tout enregistré. Puis j'ai transféré l'enregistrement sur une clé USB. J'ai posé l'objet sur le bureau de mon N+2, et pour être sûr qu'il en examine le contenu, j'ai écrit dessus « *Sextape de Roselyne Claudine* ».

Le lendemain, Julien Trobien franchissait un grade.

Ce qu'il ne faut surtout pas faire :

Aller dire à Joseph Staline que Léon Trotski est un chic type. C'est vous qui finirez avec un coup de piolet sur la caboche. Comme ce mauvais fayot de Léon, d'ailleurs.

Situation n° 25 :

" Votre boss est un dictateur "

Niveau de difficulté

Description de la situation :

Il n'est pas le Diable. Il ne s'habille pas en Prada. Mais en revanche, il se ferait volontiers appeler « *Mein Führer* ». Votre boss est un tyran. Un boucher de la pire espèce, pour qui l'Ancien Régime est un rêve perdu et le web 2.0 l'invention la plus perfide depuis l'avènement de la démocratie.

Chaque jour, il pique au moins une colère. Cela peut tomber sur n'importe qui. Lorsque cela arrive, le plancher tremble comme le cordage de Rafael Nadal. L'autre jour, c'était le tour de Piou-Piou, le stagiaire. Il a pris une soufflante pour s'être mélangé les pinceaux dans un tableau Excel de quatre lignes (il l'a tout de même un peu cherché) et le pauvre enfant a eu si mal aux oreilles qu'il ne peut même plus mettre ses écouteurs gigantesques pour écouter les dernières œuvres de Rihanna.

Votre boss gâche la vie de tout le monde. Il instaure dans l'open-space un climat de tension extrême. Toute la journée, vous et vos collègues avez le ventre noué, comme si des morts-vivants étaient susceptibles de jaillir à tout instant en agitant des morceaux d'intestins. Le despote ne se contente pas de régner sur l'organigramme. Il régente aussi la qualité de l'air, la température des corps et la pression barométrique des estomacs. Il fulmine ? Vous retenez votre souffle. Il est d'humeur joviale ? Vous avez envie de chanter des chansons.

Le dictateur adore les conversations. Surtout lorsqu'elles sont à sens unique. Dans son esprit, l'art du management s'apparente à une sorte d'énorme cascade où se déverse un flux ininterrompu d'injonctions, de reproches et de sentences qui tombent comme des torpilles en faisant un fracas épouvantable. Inutile de préciser que le flux ne remonte jamais dans l'autre sens et qu'au point de chute, il y a votre petite gueule...

Alors ? Que comptez-vous faire ? Demander un arrêt de travail ? Porter plainte pour harcèlement ? En finir avec l'existence ? Allons. Un peu de sang-froid, s'il vous plaît.

Ce qu'il faut faire :

Suivre un raisonnement tout simple : pour être bien dans sa peau, de quoi votre boss a-t-il besoin ? De diriger ? De dominer ? D'écraser ? Eh bien, qu'attendez-vous pour lui offrir ce plaisir ? Qu'attendez-vous pour courber l'échine, pour lui dire à l'oreille qu'il est le maître et pour l'aider à savourer tout le bonheur qu'il y a à tenir les rênes de l'univers ?

« *Pas d'initiative, pas d'emmerdes* » ; « *Let it be* » ; « *Hakuna Matata* ». Fichez votre sens critique à la cave. Il vous encombre et vous fatigue. Dans un monde où l'on sollicite sans cesse votre avis sur les articles de presse que vous lisez, sur les yoghourts que vous dégustez, dans un monde où l'on vous exhorte à prendre des initiatives pour vous épanouir, abandonnez-vous à l'autorité du prince… Inclinez-vous devant lui. Laissez flotter les rubans. Vous y trouverez calme et repos. Les sujets du Roi-Soleil étaient très contents, vous savez. Du moins ceux qui savaient y faire avec les suzerains…

Comment se comporter avec le suzerain ?

C'est simple : le suzerain a horreur de tout ce qui fait entrave à sa suzeraineté. Avec lui, n'ayez qu'un mot à la bouche : « *OUI* ». Vénérez-le. Extasiez-vous sur sa rhétorique. Et surtout, faites évoluer la vôtre :

Ne dites pas	Dites
« J'ai trouvé la solution »	« Treize solutions s'offrent à toi… aurais-tu l'extrême obligeance de TRANCHER ? »
« Je ne suis pas certain de comprendre ta remontrance. Je n'adhère pas nécessairement à ta remarque, car elle soulève un certain nombre de problématiques qui elles-mêmes évoquent un certain nombre d'enjeux que j'aurais personnellement tendance à… »	« Oui. »
« Ce projet est génial. C'est une idée que j'ai eue en me rasant »	« Ce projet est génial. C'est une idée que j'ai eue sur ton ordre »

Ne dites pas	Dites
« Il fait beau, c'est agréable »	« Quel est ton ressenti par rapport au temps qu'il fait ? »
« Je suis formel »	« Je suis formel : c'est toi le plus malin et le plus chouette de tous les boss »
« Ne te mets pas en colère pour si peu ! »	« Voici l'extincteur. Tape-moi, je suis une andouille »

Si vous tenez ce cap quelques jours d'affilée, l'oppresseur va vite vous considérer comme son oasis personnelle. Il va vous épargner toute sa mauvaise bile. Peut-être même pourrez-vous tirer de cette posture une récompense intéressante. Mais ne lui dites pas laquelle ! Demandez-lui ce qu'il aimerait que vous lui demandiez…

Ce qu'il ne faut surtout pas faire :

Mettre sa tête à proximité de la raquette de Nadal lorsqu'il frappe un coup droit décroisé. On veut bien être servile, mais quand même…

“ Sur le plus beau trône du monde, on n’est jamais assis que sur son cul ”

De Michel de Montaigne (XVIe siècle).

Situation n° 26 :

« Votre boss est toujours charrette »

Niveau de difficulté

Description de la situation :

– Au secours, je vais exploser !

C'est sa phrase préférée. Il la dit tous les jours. Le plus souvent vers 9 heures, en arrivant au bureau, lorsqu'il aperçoit la nuée de Post-it collés sur son écran.

Votre boss est constamment débordé. Il n'anticipe rien. La phrase « *Sachons vivre l'instant présent* » semble avoir été inventée pour lui. Il découvre toutes ses échéances au moment exact où elles se présentent, et chaque journée n'est qu'une succession de prises de conscience terrifiées, comme autant de décharges électriques jaillies de son agenda Outlook.

Votre N+1 n'a jamais le temps de rien. Ni de répondre à vos questions. Ni d'aller déjeuner. Ni de regarder des vidéos rigolotes sur Dailymotion. Il s'en plaint continuellement. Hier, après avoir trébuché au milieu de l'open-space, il a hurlé : « *Putain j'ai même pas le temps de refaire mes lacets !* »

Pauvre de vous. C'est exténuant de travailler avec quelqu'un qui passe son temps à se noyer. À cause du manque d'oxygène qu'il y a dans ses poumons, les mots sortent de sa bouche tronqués aux deux tiers, si bien qu'en l'écoutant, vous avez la sensation d'étouffer vous aussi. Vos conversations sont épuisantes. Vous choisissez vos mots avec un soin extrême, car la moindre contrariété peut lui faire péter une durite. D'ailleurs, il en pète au moins une par semaine.

Ce qu'il faut faire :

Renoncer à le faire changer. Le pauvre gars, il faut comprendre qu'il lui est tout bonnement IMPOSSIBLE de fonctionner autrement. D'abord parce que personne ne lui a appris à s'organiser, et ensuite parce que depuis sa naissance, le stress est la seule chose capable de mettre son cerveau en mouvement. Il en a besoin comme un toutou de ses croquettes. Son papa et sa maman y sont sûrement pour quelque chose. Toujours est-il qu'aujourd'hui, sa stratégie de survie consiste à mettre le plus possible le souk dans son quotidien pour maintenir ouverte sa perfusion d'adrénaline.

Votre boss est un junkie. Eh oui. Une fois que vous avez compris cela, mettez de côté les attitudes moralisatrices que vous étiez, j'en suis sûr, tenté d'adopter. Exit, les « *Putain mais déstresse !* » beuglés à plein volume par Sophie Gédi. Exit aussi, les rengaines professorales chantées à tue-tête, le doigt et le menton levés, par ces coaches et consultants spécialisés dans le domaine de l'efficacité professionnelle, inventeurs de mots atroces comme « *rétroplanning* » ou « *procrastination* »… Ne les prononcez jamais devant votre N+1. Cela lui donnerait des bouffées de chaleur. Ce n'est pas en lui infligeant des cours d'Outlook que vous guérirez sa dépendance affective, son angoisse de l'abandon et autres processus chimiques irréversibles engrammés dans son cortex depuis sa plus tendre enfance[4].

Comment composer avec un N+1 accro à l'adrénaline ?

En le soulageant. Puisque votre chef passe son temps à se noyer et à découvrir des bombes dans son agenda, vous n'avez qu'à être sa bouée de sauvetage.Son démineur de poche.

Prenez les choses en main. Anticipez les échéances à sa place. Préparez-lui ses réunions. Au moment où survient la deadline, laissez-le prendre son shoot de stress (il adore ça), puis rassurez-le : « *Regarde, j'ai tout préparé !* » Il va vous adorer. Et surtout, il va avoir l'impression, pour la première fois de sa vie de retardataire, d'être compris.

Cette stratégie va vous demander beaucoup d'énergie. Mais en contrepartie, vous pourrez négocier gros. Très gros. Vingt pourcent de rémunération supplémentaire me paraît une base raisonnable. N'oubliez pas de lui demander la veille pour le lendemain…

---

4. Ceci est une candidature officielle pour rejoindre la rédaction de *Psychologies Magazine*. Je vous prie d'agréer, Madame, Monsieur, l'assurance des sentiments distingués.

Ce qu'il ne faut surtout pas faire :

Croire que je n'apprécie pas les gens bien organisés. J'aime tous mes lecteurs, y compris ceux qui savent se servir d'Outlook.

Situation n° 27 :

“ Un autre fayot cherche à vous faire de l’ombre ”

Niveau de difficulté

Description de la situation :

19 heures. Votre boss ne devrait plus tarder à partir. Il est temps pour vous d'aller lui faire votre petit bisou quotidien. Vous quittez votre chaise à roulettes, traversez l'open-space et galopez vers son bureau. Vous avez préparé deux bonnes nouvelles et trois plaisanteries. Il vous manque un compliment, mais vous improviserez. Comme d'habitude, vous venez avec un café à la main pour faire croire que vous êtes harassé et que vous vous apprêtez à vivre une longue nuit au milieu de vos dossiers chéris.

Vous voici devant sa porte. Mais au moment où vous pliez votre index pour toquer, vous entendez des rires. Des rires tonitruants. « *Mais... qu'est-ce qui se passe ?* » vous dites-vous. « *Depuis quand mon boss rigole-t-il à autre chose qu'à mes blagues ?* »

Vous plaquez votre oreille contre la porte et prenez aussitôt la mesure de la situation : votre chef est en train de glapir de bonheur en écoutant Julien, votre nouveau collègue arrivé le mois dernier, lui raconter une anecdote désopilante. L'importun possède un patronyme : il s'appelle Trobien. Julien Trobien. Il est déjà réputé dans tout l'étage pour son « *sourire adorable* » et vient de vous piquer votre créneau de 19 heures.

C'est comme si vous étiez cocu. De semaine en semaine, le nouveau fayot grimpe dans le cœur de votre ligne hiérarchique, tandis que votre cote de popularité s'effondre dans les profondeurs des océans. Aux yeux de votre boss, vous devenez banal. Transparent. Vous êtes « *Mister Cellophane* ». Et un beau jour, c'est le coup de grâce : au milieu d'une réunion d'équipe, votre N+1 ose un trait d'humour ; mais au lieu de vous regarder comme d'habitude, pour vérifier si vous riez, il jette un œil inquiet vers sa nouvelle coqueluche...

Il est urgent d'agir. Au train où vont les choses, vous allez bientôt devoir vous mettre à travailler pour de vrai.

Ce qu'il faut faire :

Balayer d'un revers de main l'idée du combat de fayots. Julien Trobien est beaucoup trop fort pour vous. Et dans l'hypothèse où vous auriez affaire à un concurrent moins talentueux, la surenchère serait une option délétère : elle vous pousserait tous les deux vers des attitudes toujours plus rampantes, toujours plus crasses, et vous vous retrouveriez englué dans une désolante joute à trois avec Gontran Montignan.

Non, ce que je vous propose, ce n'est pas d'affronter votre adversaire : c'est de le confondre. De le démasquer. Faites éclater au grand jour l'hypocrisie sans bornes de cette saleté de faux-derche diplômé (oui, les fayots s'appellent « *faux-derches* » ou même « *saloperies de lèches-culs* » dès l'instant où ils fayotent contre vous). Le voilà, votre plan.

D'ailleurs, ce plan n'est pas de moi. Il est de Molière. Molière aurait fait un merveilleux consultant en fayotage : dans *Tartuffe*, vous souvenez-vous de quelle façon l'imposteur est vaincu à la fin ? Il est vaincu par une petite maline, qui lui fait des sourires, qui lui fait des clins d'œil, bref, qui le pousse à la faute comme dans *L'Île de la tentation* ou *Cosi fan tutte*, jusqu'à ce que son mari, planqué sous une table, soit obligé d'admettre que Tartuffe n'est pas le saint homme que tout le monde imaginait.

Faites comme la petite maline. Pactisez avec le super-fayot. Allez jouer au squash avec lui. Il sera enchanté de copiner avec vous, car il aura la conviction d'être celui qui manipule. Amenez-le à se dévoiler (si besoin, enlevez une partie de vos vêtements). Demandez-lui son avis sur l'humour de votre boss. Il va en dire du bien. Buvez une pinte. Il va se mettre à ricaner. Buvez-en deux. Il va se mettre à en dire du mal. Buvez-en trois. Il va lui casser 20 tonnes de saccharose sur le dos et l'imiter en faisant des bruits de Chewbacca. Pensez à enregistrer la séquence avec votre iPhone. Faites un petit montage et postez-moi cela sur YouTube. Ce sera beaucoup plus commode que de planquer votre boss sous une table. Et beaucoup plus LOL. Quel ringard, ce Molière.

Ce qu'il ne faut surtout pas faire :

Confondre *L'Île de la tentation* et *Cosi fan tutte*. Quoique… hormis l'écart de génération, il n'y a pas de grande divergence artistique entre les deux œuvres.

Compétition - tactique 1 : la surenchère

Compétition - tactique 2 : la différenciation

Situation n° 28 :

“ Votre collègue fait un burn-out ”

Niveau de difficulté

Description de la situation :

Jérémie a disparu. Pas la moindre trace de son minois dans l'open-space. Hier encore, le gaillard était là. Fidèle au poste. Mais ce matin... sa place est restée vide. Qu'a-t-il bien pu lui arriver ? Les pannes de réveil, ce n'est pas son genre...

La nouvelle tombe dans l'après-midi : Jérémie vient de faire un « *burn-out* ». Il est arrêté pour un mois. De sources concordantes, le garçon serait cloué au lit, épuisé et poursuivi par des hallucinations épouvantables. Ces informations vous interpellent : pourquoi tant de détails ? Pourquoi Jérémie, au lieu de profiter du secret médical, s'est-il épanché sur les motifs de son absence ?

La réponse ne tarde pas à tomber : Jérémie a saisi le conseil des prud'hommes. « *Tu te rends compte ?* » vocifère votre boss. « *Il m'accuse de harcèlement ! Il dit que je l'ai mis en dépression ! Non mais je rêve... La pire chose que j'ai dû lui faire, en cinq ans, c'est une remarque sur la couleur de sa cravate...* »

Votre boss est ulcéré. Il a horreur des geignards, et surtout des prud'hommes. Sa voix s'est chargée de colère. Vous tentez d'en savoir davantage sur l'assignation de Jérémie.

– Qu'est-ce qu'il veut ? demandez-vous.

– Du pognon, pardi.

– Combien ?

– Quatre ans.

– Quatre ans de salaire ? Mais il est dingue !?!

Vous décidez de prendre la vague.

Vous dites, d'une voix chuchotée, que vous ne croyez pas tellement au « *burn-out* » de Jérémie. Que son arrêt de travail ressemble étrangement à une simulation. Qu'hier à la cantine, il n'avait pas l'air si déprimé que cela au moment d'engloutir son steak à cheval. Que si ça se trouve, il est en train de bronzer quelque part au bord d'une lagune. Que vous n'êtes pas d'accord avec ces façons de faire. Qu'elles sont à vous dégoûter du travail. Que, de nos jours, les salariés dégainent les accusations de harcèlement comme ils mangent des glaces au chocolat. Que Jérémie aurait dû réfléchir à deux fois avant d'entreprendre une chose aussi détestable. Que la personne qui l'a conseillé est une fiente de mouche. Que ces agissements sont un vaccin contre l'embauche. Qu'il ne faut pas s'étonner s'il y a tant de chômage en France. Qu'il ne faut pas s'étonner si le monde est en crise. Et qu'en plus, en matière de droit social, ces « *enfoirés de juges* » prennent toujours le parti des salariés. Que toute la boîte va payer pour les caprices d'un seul. Que vous êtes écœuré. Que vous devriez vous taire et retourner travailler, sans quoi vous risqueriez de régurgiter sur place.

Votre N+1 vous sourit. Vous lui avez dit toutes ces paroles d'un ton amer, comme une maman qui déplorerait le comportement d'un enfant à la dérive. Votre tirade a fait mouche. Elle vous vaut une cigarette, que vous acceptez bien que vous ne fumiez pas.

– C'est bon de se sentir soutenu, dit-il. Surtout par un membre de son équipe.

Le soir, de retour à la maison, vous racontez votre exploit à votre moitié. Vous décrivez les yeux humides de votre boss et les milliers de points que vous avez gagnés avec vos marques d'empathie (mais vous ne dites rien pour la cigarette).

Quand soudain, votre portable sonne. C'est Jérémie.

– Hello ! entendez-vous. Tu sais d'où je t'appelle ?

– Non.

– De Tarifa, en Espagne. J'ai fait du windsurf toute la journée et je peux te dire que ça requinque. Mais ne le répète pas… J'ai raconté à tout le monde que j'avais fait un burn-out. C'est un copain médecin qui a signé mon arrêt de travail.

– Je ne dirai rien. Tu peux compter sur moi.

– Bon, il y a autre chose. Figure-toi que j'ai saisi les prud'hommes.

– Non ? Ça y est ?

Si tu savais comme je suis soulagé… Je voulais te remercier. Si tu ne m'avais pas encouragé à le faire, je pense que je n'aurais jamais sauté le pas.

– Il n'y a pas de quoi.

Ce qu'il faut faire :

Rien de plus. C'est parfait. Quel est votre nom, déjà ? Trobien ? Julien, Trobien ?

Ce qu'il ne faut surtout pas faire :

Accorder sa confiance à des gens comme vous.

Situation n° 29 :

" Votre boss vous demande un feedback sur un document qu'il a rédigé "

Niveau de difficulté

Description de la situation :

Il n'y a pas de plus belle preuve d'amour. Ce matin, votre N+1 vous a convoqué dans son bureau. Il vous a lancé un regard enveloppant et vous a dit :

– Ça te dérangerait de relire un doc que j'ai fait ?

– Non... Pas du tout.

– J'aimerais vraiment avoir ton avis. J'y ai passé beaucoup de temps.

– Ce sera avec plaisir.

– Si tu pouvais faire ça pour ce soir, ce serait génial. Je dois l'envoyer à 19 heures dernier carat.

– Tu peux compter sur moi.

– Tiens, dit-il en vous remettant un pavé d'une centaine de pages. Et surtout, si tu vois le moindre truc qui cloche, n'hésite pas à être désagréable, hein ?

– Évidemment. Tu me connais.

Votre boss n'a jamais entendu un seul mot « désagréable » sortir de votre bouche, et c'est bien pour cela qu'il vous a confié sa prose. De toute évidence, il n'espère rien d'autre de votre part qu'une flopée de compliments délicieux, qui serviront à le conforter dans l'idée qu'il est un des utilisateurs les plus virtuoses du logiciel PowerPoint.

Hélas. Une fois assis à votre bureau, vous feuilletez le pavé en question. Le sol disparaît sous vos pieds. Voici, pris au hasard, un court extrait (représentatif) :

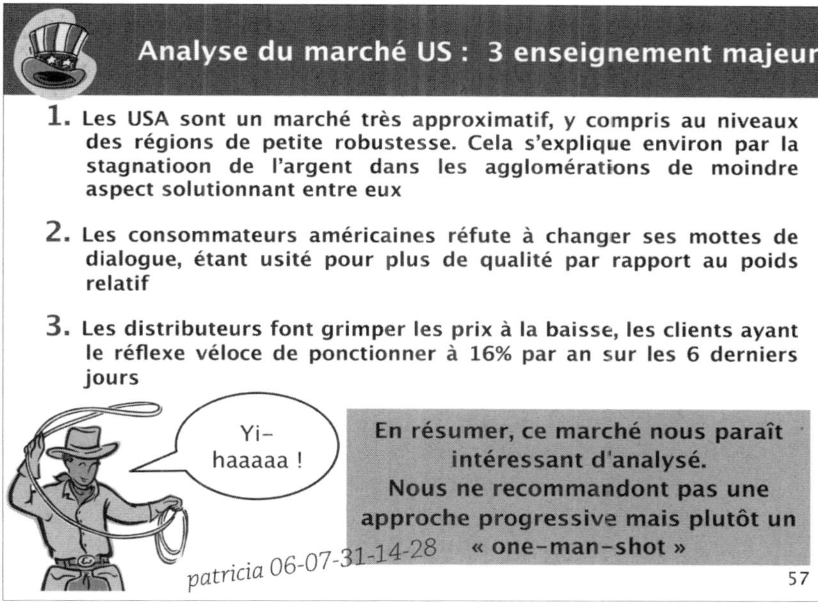

Ce qu'il faut faire :

Vous rendre aux sanitaires et pleurer un bon coup. Quand on se retrouve pris dans un piège aussi permicieux que celui-là, il est important d'expurger ses émotions.

Ensuite, reprenez votre calme. Et interrogez votre cerveau : quelles sont les possibilités qui s'offrent à vous ?

Possibilité 1 : faire ce qui vous a été demandé, à savoir inscrire au feutre rouge tous les commentaires qui s'imposent (une journée suffira-t-elle ?), frapper à la porte de votre chef, lui dire que son document n'a ni queue ni tête, que ses petits dessins sont ridicules, que ses phrases vous ont donné envie de vous défenestrer, qu'il fait des fautes d'orthographe partout, qu'il a confondu les expressions « *one-shot* » et « *one-man-show* », qu'il va perdre toute crédibilité en diffusant ce rapport et enfin qu'il a laissé traîner ci et là des numéros de portable de ses conquêtes. Est-il nécessaire de préciser pourquoi vous ne choisirez pas cette option ?

Possibilité 2 : elle consiste à rendre le document à votre chef avec un grand sourire, à lui dire que vous l'avez trouvé « *impeccable* » et à quitter la pièce en disant que vous l'avez suffisamment importuné avec votre opinion. Ce scénario est acceptable... jusqu'au moment où votre boss va propager son document. Soyez-en certain : lorsque les sarcasmes lui retomberont sur la figure, vous serez pointé du doigt comme responsable.

Je suis navré. Mais je ne vois aucun feedback permettant à votre chef de « *s'aimer à travers vous* ». Il n'y a donc qu'une chose à faire : poser le pavé sur un coin de votre bureau, comme si vous ne l'aviez jamais ouvert, retourner aux sanitaires, croquer un gros morceau de savon et simuler une crise d'épilepsie. Les secours vont vous emmener à l'hôpital puis vous déposer chez vous (tout cela gratuitement). Ne revenez pas au bureau. En tout cas, pas avant 19 heures...

Oui, cela s'appelle une fuite. N'est-ce pas une invention incroyable ?

Ce qu'il ne faut surtout pas faire :

Utiliser les images clipart proposées par le logiciel PowerPoint. Surtout lorsqu'il s'agit de petits cow-boys ou de petits chapeaux de l'oncle Sam.

“ Monseigneur est… beau ”

Du valet Blaze (Yves Montand) à son maître Don Salluste (Louis de Funès) qui venait de lui dire : « *Et maintenant Blaze, flattez-moi* » (*La Folie des grandeurs*, de Gérard Oury, 1971).

Situation n° 30 :

" On vous met un consultant dans les pattes "

Niveau de difficulté

Description de la situation :

L'affaire vous a été présentée comme une offrande. Comme une chance à saisir. Comme un cadeau du ciel. Votre boss vous a regardé d'un air solennel et vous a dit :

– Tu connais les gens de Hamlet Consulting ?

– Non.

– Ce sont des experts. Des gens formidables. Tu sais quoi ? J'ai obtenu un budget pour toi. Un de leurs consultants va venir t'aider.

– M'aider... ? Moi... ?

– Oui, toi ! Tu vas voir. Le type est génial. C'est une pointure. Il a fait l'École supérieure de commerce de Niort.

Vous avez beau réfléchir, vous n'avez pas le souvenir d'avoir jamais demandé la moindre aide à qui que ce soit. D'ailleurs, en bon fayot que vous êtes, vous n'auriez jamais fait une bêtise pareille, car vous le savez bien, rien n'exaspère davantage une hiérarchie que ces pleurards qui passent leur temps à lancer des SOS et à réclamer des ressources supplémentaires.

La pointure s'appelle Julien Barbotin. Elle paraît avoir quinze ans et demi. Elle a des lèvres à la Donald Duck, une chemise de la même couleur que son costume et une petite lichette de gomina sur la houppe. Vous lui proposez un café : il refuse. « *Il n'y a peut-être encore jamais goûté* », songez-vous en ricanant.

Julien Barbotin parle à une vitesse phénoménale. Il utilise des tas d'expressions apprises à l'école, parmi lesquelles « *valeur ajoutée* », qu'il insère dans toutes ses phrases avec un plaisir évident. Son aplomb vous estomaque. Mais ce qui vous estomaque le plus, ce sont les questions très embarrassantes qu'il vous pose à propos de votre travail :

– Quel pourcentage de votre temps consacrez-vous à ce projet ? De un à dix, comment jugez-vous votre valeur ajoutée sur ce projet ? Pouvez-vous me présenter ce projet ? Voulez-vous un peu de valeur ajoutée avec votre café ?

Les choses sont claires. Malgré son incroyable toupet, ce merdeux ne vous sera jamais d'une quelconque utilité. S'il est là, ce n'est pas pour vous aider, mais pour pomper un maximum d'informations sur votre compte et aller les recracher comme un tuyau d'évacuation dans le bureau de votre N+1. Vous avez compris ? Alors agissez.

Ce qu'il faut faire :

Vous régaler. Mener un jeune couillon en bateau, en ces temps d'austérité, c'est un plaisir de fin gourmet qui ne se refuse pas. Trois étapes à suivre :

Étape 1 : Manipulez-le

Julien Barbotin n'est qu'une petite balance ? Eh bien, en avant. Profitez de lui pour faire passer vos messages. Et surtout, allez-y de bon cœur :

- « *Je suis surbooké à cause de tous ces projets que je gère en parallèle, mais ce n'est pas grave, car tous ces projets sont parfaitement complémentaires les uns des autres et s'inscrivent dans une logique de fertilisation croisée* »
- « *J'adhère pleinement au programme Convergence qui vient d'être décidé par la Direction Générale. J'adore aussi notre nouveau système d'information qui est génial* »
- « *Tout ce qui est bon pour l'entreprise est bon pour moi. Mon intérêt personnel et l'intérêt collectif ne sont qu'une seule et même chose* »
- Etc., etc.

Les consultants adorent qu'on leur parle en langue de bois, car cela leur fait gagner un temps fou pour pondre leurs rapports qui sont eux-mêmes écrits en langue de bois. Chaque idée, chaque message que vous lâcherez dans l'oreille de Donald Duck finira sous la forme d'un slide rédigé dans un style affreux, mais qui enchantera votre hiérarchie, car celle-ci aura la joie d'entendre exactement ce qu'elle a envie d'entendre. Un peu comme si vous mettiez quelqu'un sur écoute téléphonique et que vous l'entendiez vous décrire comme une personne intelligente, désopilante et incroyablement douée au lit.

Résultat garanti : dans la semaine qui suit, on vous offrira deux stagiaires (gomina incluse) pour s'occuper de tous ces maudits projets auxquels vous n'avez jamais rien compris.

Étape 2 : Assommez-le

Une fois que vous avez épuisé votre porte-voix et son bec de canard, débarrassez-vous de lui. Rien de plus simple : il suffit qu'il ne comprenne plus rien à ce que vous dites. Lâchez-lui quelques phrases ésotériques tirées de votre quotidien du genre : « *Le pré-chargement des gammes de fabrication n'a rien à voir avec le retour d'expérience centralisé au niveau des gate reviews, mais l'inverse n'est pas forcément exhaustif.* » Dix minutes à ce rythme, et il va se liquéfier sur sa chaise. Comme il n'osera jamais vous dire « *Je ne comprends pas* » (son père lui a dit qu'il valait mieux manger du sable), il disparaîtra comme par enchantement de votre bureau.

Étape 3 : Noyez-le dans les waters

Cette étape est optionnelle. Elle convient également aux chats et aux épagneuls bretons.

Ce qu'il ne faut surtout pas faire :

Demander des conseils au consultant. Il y a des limites de bon sens à respecter, quand même.

Situation n° 31 :

“ Vos collègues veulent faire la grève ”

Niveau de difficulté

Description de la situation :

– Que ceux qui sont d'accord lèvent la main !

Non, vous n'êtes pas d'accord. Vous n'êtes pas du tout d'accord pour faire la grève jeudi prochain, et encore moins pour passer la journée « *tous ensemble tous ensemble* » à manifester sur les Grands Boulevards. Pourquoi ? D'abord parce qu'il fait moins 4 degrés, et ensuite parce qu'il vous a fallu des années pour mettre votre N+1, votre N+2 et votre N+3 dans votre poche et qu'il est hors de question d'anéantir ce résultat pour une stupide histoire de grille de rémunération. D'autant que cette dernière ne vous concerne absolument pas, puisque, à force de mamours et de manœuvres toutes plus finaudes les unes que les autres, il y a belle lurette que votre salaire a pris le large sur ceux de vos petits « *camarades* ».

Mais vous levez la main quand même. Parce que tous vos collègues sont là, réunis dans le réfectoire, parce que vous n'avez pas envie de faire tache et parce que Jean-Patrick, le leader de la révolte, a des mains absolument énormes. Il ressemble à un catcheur professionnel. C'est un frondeur vif et éloquent, comme le furent en leur temps le comte de Mirabeau, Dany le Rouge et Franck Ribéry.

Que faire jeudi prochain ? Participer à la manif, et mettre en péril le titre de chouchou que vous avez mis des années à conquérir ? Ou bien la sécher, et essuyer des regards en coin de la part de vos homologues et un *double running cobra clutch backbreaker* de la part de Jean-Patrick ?

Vous auriez bien choisi les deux options à la fois. Un peu de grève, pour faire plaisir à vos collègues, et un peu de présence au bureau, pour protéger votre relation amoureuse avec votre hiérarchie. Mais la vie, dans son insoutenable cruauté, oblige parfois les gens à faire des choix.

Ce qu'il faut faire :

Transformer l'essai. Exploiter ce que vous devez voir comme une fantastique opportunité. Oui, la situation est compliquée.

Oui, vous risquez de perdre beaucoup dans cette affaire et peut-être même une nuque ou un avant-bras. Mais que croyez-vous que les footballeurs font lorsqu'un ballon leur arrive à pleine vitesse dans la poire ? Qu'ils s'enfuient en appelant leur maman ? Non. Ils mettent un petit coup d'occiput dans le ballon, le catapultent au fond des filets et se font acclamer par quarante mille personnes en délire. Voilà ce qu'ils font.

Jeudi prochain, vous n'irez ni au bureau ni sur les Grands Boulevards. Vous irez au cinéma. À Eurodisney. Ou dans un salon de massage, tiens. Car voici votre plan d'action :

J – 2 : mardi, traversez l'open-space en faisant une tête de Droopy. Frappez à la porte de votre chef. Demandez-lui un congé pour « *raisons familiales* ». Oui, pour ce « *jeudi-là* ». Pour éviter d'avoir trop à en dire, vous aurez pris soin de vous habiller avec des couleurs sombres et de vous mettre un peu de savon liquide dans les yeux.

J – 1 : mercredi, 19 heures. C'est l'heure de partir. Allez voir votre N+2. Dites-lui que cette grève vous répugne et qu'obsèques ou pas obsèques, vous l'auriez snobée de toute façon. D'ailleurs, les grèves devraient être interdites. Cette attitude ingrate… ces manières d'enfants gâtés… Les gens ont un emploi, ils ont la chance de recevoir un salaire en échange, et ils trouvent quand même le moyen de se plaindre ? Partez en maudissant le nom de Waldeck-Rousseau.

Jour J : jeudi, quartier libre. Profitez à plein de votre journée « *off* ». Mais tâchez, si possible, de faire un petit crochet dans un cimetière du voisinage. Installez-vous devant une pierre tombale, pensez très fort à la maman de Bambi ou à France-Bulgarie 1993, prenez une photo de vous-même avec votre smartphone et postez-la sur Instagram. Vous allez sans doute recevoir de la part de vos collègues un petit texto « *Je suis de tout cœur avec toi* », auquel vous répondrez « *Moi aussi* », ce qui donnera l'impression que vous êtes solidaire de leur démarche sans vous mouiller trop explicitement.

J + 1 : débriefez avec TOUT LE MONDE, individuellement, en prenant un visage doux et bourré d'empathie. Soyez celui qui relativise et qui réchauffe les cœurs. Mais restez digne. Vous êtes en deuil, tout de même.

Et voilà. Votre cote de popularité vient de prendre vingt points sur tous les fronts. Avec un peu de chance, votre salaire va suivre une courbe comparable. Vivement la prochaine grève !

Ce qu'il ne faut surtout pas faire :

Penser à France-Bulgarie 1993 au moment où vous assistez à un véritable enterrement.

Esprit de corps

Situation n° 32 :

" Votre boss porte un marcel sous sa chemise "

Niveau de difficulté

Description de la situation :

Certains mystères resteront à jamais des mystères. On ne saura jamais qui était l'homme au masque de fer. On ne saura jamais pourquoi la Terre tourne autour du Soleil et pas l'inverse. On ne saura jamais pourquoi l'Assemblée nationale a été dissoute en 1997. Quoique... Pour ces mystères-là, les scientifiques disposent de quelques pistes. De quelques hypothèses.

Tandis que là... Rien. Pas l'ombre d'un motif. Pas l'ombre d'un début de scénario, ni d'un indice qui pourrait expliquer ce phénomène étrange : de nos jours, au bureau, certains messieurs portent un marcel sous leur chemise.

Ne faites pas comme si vous l'ignoriez. Je vous rappelle que votre boss, que vous le vouliez ou non, fait partie de ces messieurs. Sortez du déni. Et regardez la situation en face.

Je sais que c'est difficile. Mais le refoulement est la pire des solutions. Tous les spécialistes le disent. Plus vous chasserez cette image de votre esprit, plus elle rejaillira, puissante, implacable, comme la lave du volcan. Votre boss porte un marcel sous sa chemise. Acceptez-le, bon sang ! Apprenez à vivre avec ! Il en va de votre carrière.

Ce qu'il faut faire :

Le deuil de l'élégance au bureau. À votre âge... Il serait temps. Je veux bien qu'à seize ou dix-sept ans, dans votre candeur romantique, vous ayez pu croire que les buildings et les open-space étaient des temples de la mode. Après tout, vous n'étiez encore qu'un enfant. Et vous n'aviez jamais mis les pieds dans un bureau.

Mais aujourd'hui... Après des années passées au milieu des chemisettes vert pomme, des bras poilus et des cravates Pocahontas, vous n'avez plus d'excuse. Vous devez vous faire une raison. Non, les open-space ne sont pas des endroits « *fashion* ». Non, le port du tricot de corps n'est pas interdit par les règlements intérieurs. Quand ferez-vous la paix avec ces informations ?

Votre attitude doit changer. Vous ne pouvez plus regarder votre boss avec ces yeux-là. L'autre jour, lorsqu'il vous a lancé : « *Quoi ? Mais qu'est-ce qu'il y a ?* » et que pour toute réponse, vous avez tourné la tête d'un air dégoûté, j'ai eu envie de vous donner un carton rouge.

Regardez Piou-Piou, le stagiaire. Il s'en fiche, lui, du marcel. Il trouve cela rigolo. Roselyne Claudine ne l'a même pas remarqué. Quant à Gontran Montignan, il n'a pas fait dans la dentelle : il s'y est mis. Alors ?

Faites-vous prescrire des anxiolytiques. Ils vous aideront à remettre la situation en perspective. Je ne prétends pas que vous en oublierez le crime en question, mais ils vous guideront sur le chemin de la tolérance.

Sinon, il y a l'hypnose. Je connais des thérapeutes qui, en tripotant les énergies, aident les gens à mieux accepter les difficultés de la vie. Cela fonctionne pour les adultères et les rapts. Pourquoi pas pour votre histoire de marcel ?

Il existe aussi des groupes de parole. Parfois, face à certaines situations, on est plus forts à plusieurs. Surtout si l'on fait brûler de l'encens et que l'on sacrifie des animaux.

« *Cela tient chaud* » ; « *Cela permet de porter la chemise plusieurs fois sans la nettoyer* ». Les arguments existent, vous savez. Je les ai trouvés sur Internet. Ouvrez votre cœur et allez à leur rencontre. Faites preuve d'empathie. L'empathie, au fond, c'est le versant charitable du fayotage. D'ailleurs... « *Fayoter en faisant le bien autour de soi* »... Cela ferait un bon titre de bouquin, pas vrai ? Pour le marketing, je pourrais raconter que les droits d'auteur sont reversés à des œuvres caritatives... Quelle bonne idée !

Ce qu'il ne faut surtout pas faire :

Écrire un chapitre pareil alors que vous portez peut-être, en ce moment même, un débardeur de type « *marcel* » sous votre chemise. Mais j'assume. C'est cela être un auteur engagé.

Les meilleurs slogans publicitaires fayots

"Ce qui est unique chez nous, c'est vous"
Géant Casino

"Carrément vous"
SFR

"C'est vous qui êtes formidable !"
Radio France Bleu

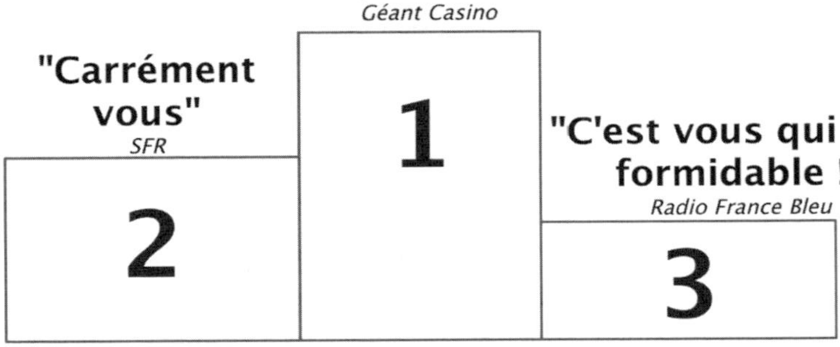

Situation n° 33 :

« Votre boss est supporter de l'Olympique de Marseille »

Niveau de difficulté

Description de la situation :

Pas d'accent du Midi. Pas de passion pour les spiritueux anisés. Pas de tendance notable à faire l'apologie de la Canebière, des calanques, des calissons, des cagoles ou des carabines 22 long rifle. Votre boss ne présentait aucun attribut visible. Aucun signe apparent.

Mais soudain, la vérité a éclaté.

C'était en juillet. Le soleil cognait à grand fracas à travers la baie vitrée de l'open-space. Profitant des ondes favorables que génère l'imminence des départs en congés, vous vous êtes rendu dans le bureau de votre patron. Vous lui avez annoncé que vous étiez venu à bout de ce dossier extrêmement ardu, technique et impénétrable qu'il vous avait confié quelques semaines plus tôt (ce qui est faux, puisque le dossier en question était abordable, stupide et trivial, mais en bon tacticien, vous exagérez toujours la complexité de votre travail lorsque vous en parlez à votre hiérarchie). Votre boss a eu un sourire bienveillant, ce que vous avez interprété comme un signal et, ni une ni deux, vous avez entrepris de donner à la conversation un tour plus personnel. Le brave homme s'est engouffré dans la brèche. Et tout à coup, au détour d'une phrase anodine, il a lâché : « *À l'époque où j'étais minot...* »

« *Pardon ?* » avez-vous répondu. « *Qu'est-ce que tu viens de dire ?* » Il a répété : « *À l'époque où j'étais minot...* » Puis il s'est mis à décrire son enfance dans le quartier de la Timone et à relater, avec des trémolos saisissants dans la gorge, les soirées passées avec toute sa famille dans le virage nord du Stade Vélodrome.

« *Mais... Tu veux dire que tu es marseillais ?* » résumez-vous, incrédule. « *Tu veux dire que tu es supporter de l'OM ?* » À ces mots, il a bombé le torse et s'est exclamé : « *Un'm peu que je le suis, putaing !* »

Sa voix s'est métamorphosée. D'un coup, l'accent de la Provence est remonté à la surface.

Il s'est dressé. Il a levé les bras. Il a parlé de Rudi Völler. Il a parlé de Basile Boli. Il a parlé de Chris Waddle. Il a expliqué que le maillot ciel et blanc était le plus « beau » que la France ait jamais vu. Il a dit que l'Olympique de Marseille resterait, quoi qu'il arrive, l'équipe la plus « *mythique* » de la nation. Il a parlé de Josip Skoblar. De Carlos Mozer. De Didier Drogba. Il a remercié la Bonne Mère pour tous ces joueurs merveilleux. Il a sorti de son portefeuille une petite carte en plastique sur laquelle figurait le logo « *Droit au But* », attestant son appartenance à l'association de supporters Les Dodgers. Il a qualifié Bernard Tapie de « *grand bonhomme* ». Et il a fredonné, avec l'accent de Charles Pasqua, les vers suivants : « *Cinquante et un je t'aime, j'en boirais des tonneaux ! À me rouler par terre, dans tous les caniveaux !* »

Ce qu'il faut faire :

Respirer. Penser très fort aux conseils que je vous ai donnés tout au long de cet ouvrage. Les mettre dans un grand sac. Fermer celui-ci avec une anse en plastique.

Vous mettre debout. Regarder votre boss. Repérer avec exactitude la position de ses chevilles. Vous jeter sur elles, les deux pieds en avant, en y mettant tout votre poids, de façon à frapper de plein fouet son ligament collatéral externe, son calcanéum, ou mieux, son tendon d'Achille (= tacle par-derrière).

Une fois le gaillard à terre, relevez-vous. Essuyez-vous les mains, jetez un crachat sur le sol et disparaissez la tête haute.

Je ferais n'importe quoi pour vous aider à réussir votre carrière. Mais il y a des choses sur lesquelles je ne peux pas transiger.

Ce qu'il ne faut surtout pas faire :

Prendre au pied de la lettre l'histoire que je viens de raconter. Vous voyez bien que je suis un adepte du second degré… J'aurais tout aussi bien pu faire le même couplet, soyez-en sûr, à propos d'un supporter du Paris-Saint-Germain.

Quoique…

Situation n° 34 :

“ Vous êtes viré cul par-dessus tête ”

Niveau de difficulté

Cette situation n'est possible que si elle découle de la précédente.

Dans tous les autres cas, si vous avez été attentif à mes recommandations, elle relève de la pure fiction.

Conclusion : suivez mes conseils, et vous n'aurez plus jamais faim.

Dans le mille

ENFANTS DE FAYOTS

Situation n° 35 :

“ Vous devez annoncer que vous êtes enceinte ”

Niveau de difficulté

Description de la situation :

Cette fois, c'est l'heure. Vous n'avez plus le choix. Vous avez beaucoup, beaucoup trop attendu. Combien de mois, déjà ? Quatre. Tout de même... C'est un peu gonflé de votre part.

Vous leur avez tout dissimulé. Vos « *petites nausées* ». Votre « *petit bidou* ». Vos « *petites sautes d'humeur* ». Vous avez fait semblant de boire aux pots de départ. Vous avez censuré vos questions sur les calculs de parts et les Maxi Cosi. Vous avez critiqué, de manière ostentatoire, les collègues absentes pour cause de congé maternité. Mais maintenant, ça suffit.

Vous marchez d'un pas ferme vers le bureau de votre N+1. Vous avez répété vingt fois votre texte. Le hic, c'est qu'aucune des vingt formules que vous avez trouvées ne vous a satisfaite. Vous ralentissez le pas. Votre estomac se durcit. Vous redoutez le pire...

• Naturellement, votre boss est une femme workaholic de quarante-huit ans qui n'a jamais été enceinte, qui ne le sera jamais et dont le film préféré s'appelle *Au revoir les enfants*

• Naturellement, le futur papa ne vous a pas aidée à préparer cette épreuve, car lui-même a prévu d'annoncer la chose à son boss le jour où vous sortirez de la salle de travail

• Naturellement, votre congé maternité devrait arriver au moment du closing annuel, période la plus explosive de l'année

• Naturellement, vous avez juré lors de votre entretien d'embauche que « *jamais* » vous ne tomberiez enceinte, car vous aussi, coïncidence, vous adorez les films où l'on peut voir des enfants maltraités

• Naturellement, vous êtes en période d'essai

Ce qu'il faut faire :

Bannir cette attitude d'excuse insupportable qui consiste à rougir, à se tortiller les cheveux et à parler avec la petite voix de crécelle que Princesse Sarah adopte lorsqu'elle se fait enguirlander par Madame Mangin. Un parfait fayot n'est pas une serpillière. C'est quelqu'un qui, certes, a les mêmes idées politiques que son boss, les mêmes goûts culinaires, les mêmes chansons préférées, la même marque d'eau minérale et la même opinion sur ce qu'il y a après la mort, mais tout de même. Inutile de vous transformer en boîte à gifles.

Suivez plutôt le scénario suivant. Il a été testé non pas par Julien Trobien, mais par sa petite amie officielle, Davina Supernana. Mettez-le en œuvre avec précision. Il vous permettra de transformer cette horrible pénitence en un inoubliable moment de complicité à l'américaine.

1. Réussissez votre entrée

Lorsque vous entrez dans le bureau de Madame Mangin, n'arrivez pas comme une cloche avec le ventre en avant et les bras ballants comme vous aviez, j'en suis sûr, prévu de le faire. Venez avec une énorme pile de dossiers sous le bras et un énorme sourire sur les lèvres. Ayez l'air de dire : « *C'est trop génial de porter des dossiers. C'est tellement mieux que de porter des enfants.* »

2. Déblayez le terrain

Une fois dans la place, lâchez coup sur coup, telle une mitraillette AK-47, quinze de ces informations-déclics qui ont le don de faire jubiler un manager : « *J'ai fini le projet alpha* », « *J'ai tout réglé avec le client Pinot* », « *J'ai réparé la cafetière* », « *Sophie Gédi va démissionner* », « *Les 35 heures vont sauter* », « *Il y a des frites à la cantine* »... Allez-y ! Envoyez la sauce ! Il faut que votre boss prenne toutes ces bonnes nouvelles en pleine poire sans avoir le temps de respirer (si possible, choisissez de vraies informations).

3. Play it like Racine

Et soudain... Patatras. Laissez tomber votre sourire. Soupirez comme Tatie Danielle. Et déclarez : « *Il m'arrive une tuile.* » Si tout se passe bien, Madame Mangin va se lever. Elle va fermer la porte et mettre une main sur votre épaule. Prenez votre élan. Oubliez que vous allez avouer officiellement que vous avez des relations sexuelles. Puis, sur un ton affligé, dites : « *Je vais être obligée de m'absenter...* » et désignez votre ventre d'un air dégoûté. Si Madame Mangin est une demeurée, elle va vous dire : « *Quoi ? Tu pars en cure d'amaigrissement ?* » Dans tous les autres cas, elle va vous dire : « *Oh ! Mais c'est une excellente nouvelle ! Félicitations !* » Soupirez. Dites que vous n'avez aucune envie d'être mère, parce qu'être mère, c'est bon pour les greluches qui n'ont aucune ambition dans la vie. « *Mais non, voyons !* » va-t-elle dire. Éclatez en sanglots. Si tout se passe bien, Madame Mangin va vous prendre dans ses bras et vous emmener voir la version comédie musicale de *L'Enfant dans le placard*.

Ce qu'il ne faut surtout pas faire :

Dire : « *Je vais avoir un petit bout !* » Cette expression devrait être interdite par la loi.

Situation n° 36 :

" Votre boss part en congé maternité "

Niveau de difficulté

Description de la situation :

Elle l'a fait ! Personne n'y croyait, et pourtant, elle y est parvenue. Déjouant tous les pronostics, et malgré une quantité invraisemblable de tares, votre boss a trouvé une âme charitable pour lui offrir la petite graine dont elle rêvait. Un philanthrope. Ou un jardinier, peut-être.

La petite graine a grandi. Et le bidon de votre chef s'est transformé en mappemonde. Nous sommes à l'orée du neuvième mois et, selon les avis compétents, la gestation s'est passée comme dans un rêve. La péronnelle resplendit de santé. L'œil gai, la mine insolente, elle vit sa situation avec un bonheur éclaboussant, comme une revanche sur le monde.

Cette félicité soudaine a eu une vertu inattendue : votre N+1 est devenue sympathique. Pour ne pas dire populaire. Au fil des mois, vos collègues se sont mis à la haïr de moins en moins, allant même jusqu'à oublier ses carences professionnelles. Mon pauvre… Vous qui étiez son unique courtisan, le seul à lui offrir des chouquettes le vendredi matin, vous voilà concurrencé par des dizaines d'avatars de Julien Trobien…

Mais il y a pire. Le pire, justement, c'est que votre boss part ce soir en congé maternité. Comment votre relation va-t-elle s'accommoder d'une telle séparation (seize semaines minimum) ? Et si celle-ci réduisait tous vos efforts de fayot à néant ? Et si votre N+1, une fois devenue mère, se mettait à vous détester ?

Vous pouvez trembler.

Ce qu'il faut faire :

Continuer vos miaou-miaou. Faire relâche pendant seize semaines serait hautement risqué, d'abord parce que votre boss pourrait en profiter pour changer d'opinion sur vous, et ensuite parce que c'est exactement l'attitude que vos moutons de collègues vont s'empresser d'adopter. Vous voulez reprendre la tête du classement ? Alors apprenez à fayoter à distance.

Comment fayoter à distance avec quelqu'un qui est occupé à enfanter ?

Cela pourrait être le titre d'une thèse. Ou d'un roman d'aventures. Mais soyons pragmatique : votre chef est chez elle. Loin du bureau. Entièrement focalisée sur la petite chose qu'elle a fabriquée avec son jardinier. Mais par chance, elle dispose d'un téléphone mobile, et vous de la fonction SMS et d'une dizaine de doigts... Remerciez le ciel d'avoir créé ces outils fabuleux et passez à l'offensive.

Envoyez-lui des textos. Toutes les semaines. Des petits mots drôles, ensoleillés, allusions à des souvenirs ou des rigolades en commun. Parlez-lui de Roland-Garros. De la fashion week. De Katherine Pancol. Mais surtout, ne lui parlez jamais du bureau. Elle est en train de vivre un grand rêve bleu (ou rose), et la simple évocation des mots « *open-space* » ou « *dossier NZ-131-4* » équivaudrait à lui vider un seau de bouse de vache sur la tête.

Si d'aventure, elle vous demande comment les choses se passent au boulot, répondez « tout va bien ». C'est la seule phrase qu'elle a envie d'entendre. Et si un cataclysme exige une intervention de sa part, demandez à un collègue de monter en première ligne. Sophie Gédi, par exemple.

Recommandez-lui des livres. Ou plutôt, envoyez-lui des livres. Les librairies regorgent de bouquins éblouissants. Mais attention ! Pas de gaffe. Chez Air France, une règle d'une subtilité incroyable interdit que des films sur les catastrophes aériennes soient projetés à bord des avions de ligne. Inspirez-vous de cette procédure et abstenez-vous d'envoyer à votre boss des romans comme *Quand reviendras-tu* ? récit du kidnapping d'un petit enfant[5], ou *Mon bébé a trois jambes*, témoignage poignant qui n'existe pas encore mais qui pourrait sortir un jour ou l'autre chez un éditeur spécialisé dans le bon goût. Du tact. Toujours du tact.

Une fois la naissance proclamée, envoyez un bouquet de jacinthes. Dites que le prénom choisi est votre préféré, même

5. By Mary Higgins Clark. Kind regards,

s'il s'agit de « *René* » ou de « *Clitorine* ». Prédisez à l'enfant une carrière de Premier ministre.

Les seize semaines se sont écoulées. Vous avez maintenu à flot votre relation avec votre boss et vous l'avez même, par contraste avec le troupeau de gnous qui vous entoure, bonifiée. Le jour où vous aurez un marmot à votre tour, vous recevrez un magnifique cadeau de naissance. Toujours ça de pris.

Ce qu'il ne faut surtout pas faire :

Sortir la tête par la fenêtre quand vous êtes dans le train.

Situation n° 37 :

“ Votre boss donne naissance à une motte de beurre ”

Niveau de difficulté

Description de la situation :

– Et voilà la petite merveille !

En entendant ce cri de triomphe, tout l'étage a sursauté. Votre supérieure hiérarchique, partie en congé maternité depuis bientôt trois mois, vient de faire une entrée fracassante dans l'open-space. Elle est hilare. Elle tient dans ses bras une petite chose endormie, et son visage exhale un bonheur comme vous n'en avez jamais vu.

Vous jaillissez de votre fauteuil. Vous préparez le plus énorme sourire dont votre bouche est capable et essayez d'imaginer le ton sur lequel les Rois mages ont congratulé la Vierge Marie la fois où elle a donné naissance au Sauveur sans recourir à la péridurale. Mais soudain... quand vos yeux se posent sur la petite merveille... votre estomac fait un nœud coulant. « *Mon Dieu !* » vous dites-vous. « *Ce n'est pas possible ! Cet enfant... c'est insoutenable... on dirait une barquette de Végétaline...* »

Vous vous raisonnez. Vous vous dites que les choses sont ainsi. Que tous les bébés ne peuvent pas naître avec la beauté lumineuse de l'archange Raphaël, et qu'il faut aussi des petits moches pour faire un monde qui fonctionne et pour donner des idées de romans à Amélie Nothomb. Mais malgré ces pensées magnifiques, vous restez pétrifié.

Vos collègues aussi. Accourus autour du chérubin, ils sont comme assommés. Certains ont carrément l'air en colère : « *Mais elle est malade ! Qu'est-ce qui lui prend de venir nous infliger ça ?* » La seule personne qui semble se réjouir de la situation, c'est Roselyne Claudine, qui ricane comme un sanglier derrière une imprimante.

Ce qu'il faut faire :

Je vous entends d'ici. Vous vous dites : « *Cet enfant est objectivement le contraire d'une chose mignonne. Je ne vais quand même pas aller dire à sa mère qu'il en est une ?* » Eh bien si.

C'est exactement ce que vous allez faire. Pourquoi ? Parce qu'elle n'attend que cela.

Soyez tranquille. Il n'existe AUCUNE maman qui ne crève pas de fierté devant son nouveau-né. Même celles qui enfantent des mottes de beure et des monstres ignobles en sont enchantées. Flore Landru, Teresina Capone, Klara Hitler, Rosa Mussolini... toutes ces mamans, pour fêter la naissance de leurs loulous, ont envoyé à leurs amies des tonnes de faire-part bourrés de cœurs et de petits dessins. Laissez tomber vos scrupules. Et en avant pour les compliments.

Comment réussir vos compliments ?

C'est là toute la difficulté. Pour que votre éloge ait l'air sincère, il faut solliciter l'intégralité de vos ressources mentales. Et faire abstraction de la vision d'épouvante qui vous est proposée. Quatre techniques possibles :

• Technique 1 : fixez intensément une partie du corps de l'enfant qui ne soit pas son visage. Par exemple, son épaule. Approchez-vous et dites : « *Bonjour, petit(e) prince(sse). Que tu es chou(te) ! Que joli petit cœur tu es !* » Si vous réussissez à dire cela, c'est déjà formidable. Pour que cela sonne juste, essayez de penser très fort à un neveu que vous aimez, à vos propres enfants ou, si vous n'avez rien de tout cela, à une île flottante au caramel.

• Technique 2 : c'est le biais inverse. Regardez dans le vide, pensez très fort à quelque chose d'infâme, de dégoûtant, comme une tête de veau tranchée ou un Comité de pilotage stratégique. Une fois l'image arrimée dans votre cerveau, posez vos yeux sur le chérubin... Et là... Miracle ! Vous êtes ébloui, illuminé par tant de beauté, un peu comme les abrutis qui découvrent la lumière du soleil dans l'allégorie de la caverne. Les compliments vont sortir tout seuls. Ne l'embrassez pas trop quand même.

• Technique 3 : offrez-lui un bonnet. Les bonnets occultent la moitié du visage des nourrissons et, lorsque les couleurs sont suffisamment vives, elles ont tendance à attirer l'œil vers le textile. Cela soulagera tout le monde et la maman trouvera sa petite fiole d'huile encore plus croquignolette. Seule réserve : cela suppose d'avoir à tout moment un bonnet à portée de main. Organisez-vous.

• Technique 4 : vous pouvez aussi vous réfugier derrière un appareil photo. Cependant, attention au flash. Cela ne pardonne pas avec les peaux graisseuses.

Ce qu'il ne faut surtout pas faire :

Dire : « *Pas d'erreur, c'est Lesieur.* »

“ Oups… ”

D’OEdipe, lorsqu’il réalise qu’il a tué son papa (*OEdipe roi*, de Sophocle, 430 av. J.-C.). C’est bien de jouer les repentis, mais c’est un peu tard (N.B. : en réalité, il a plutôt gémi quelque chose du genre « *Hélas ! Hélas ! Malheureux que je suis ! Où m’emportent mes pas, misérable ?* » etc.).

Situation n° 38 :

“ Votre fils de trois ans téléphone à votre boss ”

Niveau de difficulté

Description de la situation :

Lundi matin. Vous buvez un café en tête à tête avec votre N+1. Soudain, celui-ci se met à gratter le fond de son gobelet avec sa touillette.

– Dis donc, vous lance-t-il... Ce week-end, j'ai reçu un coup de téléphone de ta part.

– Hein ? sursautez-vous. Un coup de téléphone ? De moi ?

– Oui.

– Tu es sûr ?

– Regarde mon portable : samedi 12... 17 h 43... c'est marqué.

Votre visage change brusquement de teinte.

– Ce doit être mon fils, répondez-vous en essayant de rassembler vos esprits... Il a trois ans... Il lui arrive de tripoter mon iPhone pour jouer avec l'application *Tom le chat*... ou pour regarder les aventures de *Barbie*... Il a dû t'appeler sans faire exprès.

– Je m'en suis aperçu, que c'était ton fils, pour tout t'avouer.

– Ah bon... ? Mais... qu'est-ce que tu as entendu ?

– Tu veux écouter ?

– Tu... Tu as enregistré la conversation ?

– Non. C'est juste que l'appel est tombé sur mon répondeur.

D'un glissement d'index, votre boss interroge sa messagerie. Puis il vous tend son téléphone.

Votre cœur tambourine. Voyons, voyons, qu'étiez-vous en train de faire samedi à 17 h 43 ? Des cabrioles avec votre moitié ? Probablement que non. Entre autres, parce que celle-ci vient de vous adresser une assignation en divorce.

Le message débute. Une petite voix retentit. Lointaine, elle répète d'un ton suppliant : « *Barbie et poney ! Barbie et poney !* » Puis soudain, une respiration très forte se fait entendre. La petite voix, plus proche, vous hurle à l'oreille : « *Allô ! Ze voudrais parler à ma copine ! Ch'est toi, ma copine ?* »

C'est bien lui. Votre fils zozote aux entournures et adore Barbie. D'ailleurs, il n'a pas le moindre copain à l'école. Mais pour ce qui est des copines…

Puis vous entendez un bruit bizarre. Un bruit de tissu que l'on chiffonne, comme si votre fiston avait essayé d'effacer les images de votre iPhone avec son doudou Hello Kitty.

– Je suis désolé, murmurez-vous à l'attention de votre boss. Désolé de t'avoir dérangé en plein week-end…

Mais le message n'est pas terminé. Une conversation d'adultes se dessine en arrière-plan. En tendant l'oreille, vous reconnaissez la voix de votre sœur Caroline. Et quelques secondes plus tard, la vôtre.

– À mon avis, murmure Caroline, tu penses beaucoup trop à ton boulot.

– Tu crois ? répondez-vous.

– Quand on te parle, on a l'impression que c'est la SEULE CHOSE qui t'intéresse.

– Évidemment que mon boulot m'intéresse ! Peu de gens ont la chance d'avoir un JOB EN OR comme le mien.

– Mais enfin, qu'est-ce qui te motive à ce point, dans ce job ? L'argent ?

– S'il n'y avait que ça… Il y a surtout ces défis incroyables, ces challenges TELLEMENT CHALLENGING que je dois relever chaque jour… Et puis tu vois, j'ai un boss qui sait vraiment nous motiver, qui nous inspire, il est tellement AMBITIEUX, tellement BRILLANT, j'ai envie de me DÉCARCASSER pour lui…

– C'est très bien tout ça. Mais le revers de la médaille, c'est que tu en oublies totalement ta famille. Après, ne t'étonne pas de recevoir des demandes de divorce…

– BARBIE ET PONEY !

Fin du message.

Vous restituez le téléphone à votre boss.

– Je suis vraiment confus, dites-vous le regard bas… Tout ça est très embarrassant.

Votre boss n'est pas du tout embarrassé. Il vous prend dans ses bras, vous félicite et vous recommande de prendre « *une bonne semaine de repos* ». Vous lui avez presque mis la larme à l'œil.

Ce qu'il faut faire :

Vous féliciter. Avec votre sœur Caroline, vous avez travaillé à merveille. Julien Trobien devrait en prendre de la graine.

Ce qu'il ne faut surtout pas faire :

Offrir des peluches Hello Kitty à votre petit garçon. Voyons…

Situation n° 39 :

“ C’est Noël au bureau ”

Niveau de difficulté

Description de la situation :

Cette année, pour fêter Noël, le CE organise un grand goûter à la cantine. Tous les salariés sont invités avec leurs familles. Il y aura des animations, des guirlandes et des cadeaux. Ça va être génial.

Pour assurer la promotion de l'événement, les organisatrices ont eu une idée drôlement finaude : elles ont fabriqué une affiche promotionnelle intitulée « *L'arbre de Noël* », qui reprend les codes du cinéma, un peu comme si c'était une affiche de film… Hi ! Hi ! Hi ! Ce que c'est malin ! Voici le chef-d'œuvre en question :

Qui pourrait résister à une publicité pareille ?

Le jour J, vous vous présentez au réfectoire avec Hugo, votre fils de huit ans. Il y a un brouhaha monstre. Ça sent la crème pâtissière industrielle. Tous vos collègues sont là. Sophie Gédi est venue avec sa gamine hystérique, Gontran Montignan avec ses six mouflets, Roselyne Claudine avec ses furoncles.

Votre N+1 vient vers vous. Il traîne derrière lui le jeune Antonin, huit ans, un marmot enrobé qui ressemble à s'y méprendre à une matriochka. Les deux enfants se toisent comme des boxeurs prêts à combattre.

– QUI VEUT PARTICIPER À LA COURSE EN SAC ? hurle Joëlle Prindel dans un mégaphone.

« *Oh mais c'est une excellente idée !* » s'exclame votre boss. « *Hugo et Antonin, allez-y tous les deux !* » Les deux gamins détalent en direction de la ligne de départ. Tonnerre... Voilà une situation périlleuse... Votre fils Hugo vient d'être sacré champion départemental de course en sac... Ses copains l'appellent « *le marsupilami* »... Tandis que le jeune Antonin, dont votre N+1 parle avec des accents de vénération dans la voix, semble à peu près aussi véloce que Huan Huan, le panda chinois du zoo de Beauval... Il faut à tout prix empêcher cette course... !

Vous agitez la tête, paniqué. Vous apercevez, à quelques mètres, la fille de Sophie Gédi en train de traiter Roselyne Claudine de vampire et de lui flanquer des coups de pied dans les tibias. Vous regardez plus loin... Oh ! un autre stand ! On dirait qu'il s'y prépare un concours de culture générale... Mais quel est ce traquenard ? Pourquoi ces guenons d'organisatrices ont-elles monté des compétitions aux quatre coins de la cantine ? Et votre gamin qui passe son temps à lire des revues d'histoire et à flanquer des roustes à tout le monde au Trivial Pursuit...

Si vous ne faites rien pour endiguer les drames qui se préparent, votre prime de fin d'année pourrait disparaître ici et maintenant, au pied de ce sapin de Noël qui vous envoie des warnings avec ses lumières clignotantes...

Ce qu'il faut faire :

Briefer solidement votre enfant AVANT. Celui-ci ne doit en aucun cas surpasser ou éclipser les gamins de vos supérieurs hiérarchiques.

Si votre rejeton, pour des raisons plus ou moins liées à la génétique, a pour habitude de ne surpasser et de n'éclipser personne, tant mieux. Réjouissez-vous. Venez tranquillement à la cantine et laissez-le jouer les faire-valoir au profit des autres gosses. Mais s'il a la mauvaise idée de posséder un talent visible (intelligence, humour, course en sac...), ou pire encore, d'avoir des yeux magnifiques, alors prenez vos dispositions EN AMONT.

En chemin, expliquez-lui la façon dont il doit se comporter : être gentil, être poli et, surtout, être très mauvais partout. Se gaufrer au bout de 5 mètres de course en sac, ce n'est tout de même pas si compliqué. Répondre n'importe quoi aux questions de culture générale, c'est tout aussi enfantin. Responsabilisez votre gosse. Expliquez-lui les enjeux. Il les comprendra bien mieux que vous ne l'imaginez. Et s'il est d'une beauté à tomber, mettez-lui une casquette noire, une paire de lunettes et collez-lui un de ces bouts de sparadrap dégueulasses en travers des carreaux. Lui aussi peut faire des efforts pour votre prime. C'est Noël, oui ou non ?

Ce qu'il ne faut surtout pas faire :

Traiter Roselyne Claudine de vampire. Vous risqueriez de le regretter amèrement (voir situation numéro 49)...

Situation n° 40 :

" Votre fils vous convertit à Facebook "

Niveau de difficulté

Description de la situation :

Vos enfants adorent Facebook. Ils y passent leurs journées. Dans votre sagesse, vous en avez conclu que cette « *connerie* » n'était pas pour vous. Vous l'avez boycottée pendant des années et vous vous en êtes porté à merveille. Jusqu'au jour où Alexander, votre fils de dix-sept ans, a prononcé les mots suivants :

– C'est magique. Depuis que je like les posts de mon prof de maths, il a arrêté de m'envoyer au tableau.

Ces mots ont fait comme un carambolage dans votre tête. « *Quelle phrase lumineuse !* » avez-vous pensé. « *Je savais bien que mon fils était un génie !* »

Dès que le génie a eu le dos tourné, vous vous êtes rué sur l'ordinateur familial. Vous avez ouvert Internet et vous avez tapé www.facebook.com. « *Tiens ?* » avez-vous pensé. « *Comme c'est curieux… On dirait que je suis sur le profil d'Alexander…* »

Vous avez commencé à naviguer. Avec l'idée, au départ, de comprendre comment cet outil saugrenu pourrait s'intégrer à votre arsenal de fayot. Mais la tentation est devenue trop forte. Vous n'avez pas pu vous empêcher d'enquêter sur la vie sociale de votre petit chéri…

Et patatras. En cliquant sur l'icône « *Messages* », vous êtes tombé sur le dialogue suivant :

- Tom : dis donc mec tu t'es lâché samedi
- Alexander : ouais je sais putain
- Tom : tu l'as serrée où finalement ? Dans les chiottes ?
- Alexander : ouais vite fait… j'ai trop fait le crado
- Tom : t'as vu la gueule qu'elle a sérieux ?
- Alexander : c'est pas de ma faute j'étais en chien[6]
- Tom : t'es dingue cette meuf ça fait deux ans qu'elle est au taquet sur toi

---

6. Expression de jeune : « J'étais dans un état d'excitation tel que j'aurais pu m'accoupler avec un canidé ». Cordialement,

• Alexander : je suis au courant... En plus, comme un con, je crois que je lui ai dit je t'aime

• Tom : MDR !!!! T'étais bourré ou quoi ????

• Alexander : faut croire... et encore, c'est pas ça le pire...

• Tom : vas-y c'est quoi le pire ?!?!?

• Alexander : cette nana elle a un daron... Et tu sais ce qu'il fait comme taf son daron ?

En lisant la suite, vous avez failli faire un AVC. Car le papa de la jeune fille en question n'exerçait pas n'importe quelle profession : la vôtre. Et pas n'importe où : dans votre bureau. Votre fils est âgé de dix-sept ans. Il peut donc saccager le cœur de qui il veut. Mais pourquoi, pourquoi a-t-il fallu qu'il choisisse celui de Barberine, la fille unique de votre boss ?

Ce qu'il faut faire :

Cela dépend... Face à un problème qui touche de si près aux mœurs et à la morale, il me paraît hasardeux de préconiser une solution universelle. Faisant ici exception à mes habitudes, je vous propose un panel de recettes à utiliser au cas par cas en fonction de votre sensibilité :

• Vous êtes Gontran Montignan → flanquez une dérouillée à votre gosse et organisez les épousailles avec Barberine

• Vous êtes Julien Trobien → flanquez une dérouillée à votre gosse et donnez 10 K€ à Barberine pour qu'elle la boucle

• Vous êtes un papa-copain → tapez dans la main de votre fiston et offrez-lui un bédo

• Vous êtes Sophie Gédi → dites à votre boss : « *Mon gamin n'a pas voulu faire de mal à ta fille. Il avait les crocs, c'est tout. Il aurait vu passer une vache, ça aurait été pareil.* »

• Vous êtes une mère possessive → dites à votre fils : « *Bravo mon amour ! C'est comme ça qu'il faut faire avec les filles ! Et maintenant arrête de bouger, tu m'empêches de dormir.* »

• Vous êtes Renato Baldi → levez les yeux au ciel et dites à votre gamin : « *Une fille… Et tu voudrais que j'applaudisse ?* »

• Vous êtes dans la mafia → faites vos prières

• Vous êtes Dark Vador → rangez votre épée violette et embrassez votre rejeton (attention au casque). Mais au fait, avez-vous seulement un boss ?

Ce qu'il ne faut surtout pas faire :

Cocher la case « *Rester connecté* » lorsque vous vous identifiez sur Facebook. Désormais, vous êtes prévenu.

Situation n° 41 :

“ Le fils du Big Big Boss fait son stage d'été sous votre responsabilité ”

Niveau de difficulté

Description de la situation :

– Tu savais que les élèves de troisième devaient faire des stages obligatoires ?

– Non.

– Eh ben figure-toi qu'on va en accueillir un dans notre service.

– Qui ça ?

– Il s'appelle Aliocha. Il a quinze ans. C'est le fils du Big Big Boss.

– Le fils du Big Big... ?

– Oui. Il faudrait que quelqu'un s'occupe de lui pendant la durée de son stage. On a pensé à toi.

Vous répondez que vous êtes très honoré. Mais la vérité, c'est que vous n'avez aucune envie de jouer les chaperons. Vous n'arrivez pas à consacrer deux heures consécutives à vos propres enfants, et il faudrait vous occuper d'un morveux nommé « *Aliocha* » ?

Eh bien oui.

Lundi matin, 8 heures. Aliocha est là. Malheureusement, pas vous... Vous arrivez vers 9 h 30 et vous trouvez, assis sur une chaise devant votre bureau, un petit personnage parfaitement peigné qui n'a pas osé retirer son sac à dos. Vous lui tendez la main. Il se lève. C'est alors que vous réalisez qu'il n'a pas du tout démarré sa puberté. Il mesure 1,40 m, et lorsque vous apparaissez à ses côtés à la cantine, vous vous sentez grotesque.

Aliocha est d'une politesse inouïe. Il obéit comme un dalmatien. Si vous lui demandiez de goûter l'eau de l'aquarium, il le ferait. Mais cela ne veut pas dire qu'il est un imbécile. Au contraire. Au bout d'une semaine, il a tout compris à votre métier. Au bout de deux, il a tout compris au fonctionnement de votre service. Au bout de trois, il se met à suggérer des améliorations... Ses questions vous angoissent. Vous ne redoutez qu'une chose, c'est qu'il mette le doigt sur vos insuffisances professionnelles. Et qu'il aille en parler le soir, au dîner...

Ce qu'il faut faire :

Vous consacrer à cent pour cent à cet enfant. Le reste n'a plus aucune importance. Pendant la durée de son séjour à vos côtés, et bien qu'il soit aussi grand qu'une guitare, il n'y a qu'une chose qui doit compter dans votre vie : A-LIO-CHA.

L'objectif est simple. Il faut qu'à l'issue de son stage, le lilliputien soit enchanté de sa première expérience professionnelle. Il faut qu'il vous adore. Qu'il vous trouve génial.

Comment faire pour qu'un gnome de quinze ans vous trouve génial ?

- Présentez-lui le monde du travail comme quelque chose de féérique, un peu comme Roberto Benigni dans *La vie est belle*. Dites-lui que la vie professionnelle n'est qu'un vaste jeu auquel ne participent que des gens compétents et bien élevés
- Promettez-lui qu'il va grandir bientôt et dépasser d'une tête toutes les filles de sa classe
- Donnez-lui des tâches passionnantes à faire. Je sais que c'est difficile. Mais vous devez lui en trouver. Le cas échéant, inventez des missions sans rapport avec votre travail (enquêter sur un tueur en série, etc.)
- Faites-lui croire que vous travaillez énormément : durcissez vos horaires et simulez des crises de tachycardie
- Faites-lui croire que votre équipe repose entièrement sur vos épaules. Montrez-lui de faux e-mails de louanges émanant de vos collègues
- Offrez-lui une PlayStation
- Offrez-lui des préservatifs. Les adolescents adorent avoir des préservatifs par-devers eux, surtout quand ils n'ont pas encore l'opportunité (ou la faculté) de s'en servir
- Etc., etc.

Le soir venu, le marmot ira dire du bien de vous à l'oreille de son Papa. À la fin du stage, vous récolterez un coup de fil de remerciement et peut-être une invitation à faire la nounou à domicile pendant les vacances. À prendre ou à laisser…

Ce qu'il ne faut surtout pas faire :

Lui demander de glisser la main, pour rire, dans la broyeuse à papier. Il va le faire.

Situation n° 42 :

" Vous accouchez au bureau "

Niveau de difficulté

Hé ho. Vous y allez un peu fort.

Je sais que votre carrière a de l'importance. Mais tout de même… N'en faites pas trop. Avez-vous songé à la « *gêne occasionnée* » ? Avez-vous songé aux personnes qui s'occupent de la propreté des locaux ? Avez-vous songé aux hôtesses d'accueil, qui n'ont pas prévu de badge pour le nouveau-né et qui vont se faire taper sur les doigts par la sécurité ? Soyez raisonnable. Allez faire cela dans un endroit approprié. Il existe de meilleures méthodes, je vous l'assure, pour montrer votre implication professionnelle. Vous n'avez qu'à lire la suite…

Papa

ALLONS, PAS DE CHEF ENTRE NOUS... APPELLE-MOI JEAN-CLAUDE !...
COMME MON PÈRE...
ALBERT

LES FAYOTS ET L'AMOUR

Situation n° 43 :

" Votre boss cherche à vous mettre dans son lit "

Niveau de difficulté

Description de la situation :

Au début, rien ne transpirait (à part lui). Il vous regardait d'un œil neutre, ensommeillé, comme on regarde un quatre-quarts au fromage blanc ou une publicité pour un organisme de prévoyance.

Mais très vite, la situation est montée en température. Au fil des semaines, votre nouveau boss s'est mis à vous parler d'une voix plus douce, à vous proposer des créneaux de rendez-vous plus tardifs et à montrer une considération grandissante pour votre arrière-train.

Il a d'ailleurs fini par vous le dire. « *Ce pantalon te va à merveille* », avez-vous entendu un soir où vous marchiez devant lui dans un corridor. Vous avez sursauté. Vous avez espéré que ce compliment ciblait la qualité du tissu ou la cassure de votre pantalon. Mais dans l'ascenseur, vous avez aperçu dans un miroir votre postérieur moulé à la louche et vous vous êtes rendue[7] à l'évidence : « *1) Mon chef en veut à mes fesses. 2) Il vient de passer à l'attaque.* »

Il vous a écrit un poème. Il vous a offert une boîte de Mon Chéri. Et un beau jour, il s'est jeté à l'eau : il vous a invitée à l'opéra. Vous avez décliné calmement, en prétextant une compétition d'haltérophilie, en espérant que cette excuse terrifiante anéantirait ses ardeurs.

Mais cela n'a pas du tout fonctionné.

Un soir, pour fêter les mauvais résultats de l'année, le CE a organisé une soirée d'entreprise dans une boîte de nuit dégueulasse. Vous vous y êtes rendue avec des souliers plats et un pull à col roulé. Le coquin vous a reniflée aussitôt. Il s'est approché et vous a soufflé à l'oreille : « *Tu ne t'en es peut-être pas rendu compte, mais tu me plais.* » Puis il a ajouté que, quoi qu'il arrive, il se comporterait avec vous « *en gentleman* », ce qui n'a fait que décupler votre angoisse.

Inutile de préciser que votre supérieur hiérarchique ressemble à une immonde gargouille, que son œil gauche et son œil droit

7. Eh oui, ce coup-ci vous êtes une femme. Mes hommages,

n'ont pas du tout la même forme et qu'il diffuse tout un tas d'odeurs corporelles qui vous rappellent le RER A.

Ce qu'il faut faire :

Lui couper l'envie de faire le joli cœur. C'est important pour votre bien-être. Mais il serait dommage de dilapider du même coup les sentiments positifs qu'il ressent à votre égard… Tout l'enjeu consiste donc à mettre le holà de façon ferme, sans que l'importun s'estime atteint dans son orgueil de gargouille.

Comment mettre un râteau à une gargouille sans lui faire perdre la face ?

Quelques propositions :

Lui dire que vous l'appréciez énormément…		Avantages	Inconvénients
	… mais que votre père est membre de la Camorra	Extinction immédiate de ses ardeurs	Nécessité de justifier des origines napolitaines (moustache, etc.)
	… mais que vous sortez avec Yannick Noah	Défaite plus qu'honorable pour la gargouille (personnalité préférée des Français…)	Nécessité de fournir des preuves + savoir décrire la sensation d'une langue coincée entre deux dents
	… mais que vous avez un chenil chez vous	Effet repoussoir intéressant	Image de tarée
	… mais que vous êtes une adepte du « No sex »	Effet repoussoir garanti	Nécessité d'argumenter, de défendre l'indéfendable
	… mais que vous pratiquez l'échangisme	Effet repoussoir garanti (quoique…)	Image de traînée

Lui dire que vous l'appréciez énormément...		Avantages	Inconvénients
	... mais que vous préférez les filles	Aucun	Décuplement immédiat de son excitation + nécessité de donner le change (coupe à la la Jean Dujardin, etc.)
	... mais que vous n'êtes pas prête pour le grand amour	Aucun	Révélation au grand jour de votre goût pour les films sentimentaux stupides
	... mais que vous préférez les gens avec deux yeux identiques	Aucun	Vous n'avez rien compris à ce livre, c'est ça ?
WHY NOT	... mais que vous sortez avec l'abbé Pierre	Effet repoussoir maximum	Mensonge délicat à tenir

Ce qu'il ne faut surtout pas faire

Écrire « *T'es magnifique ma poulette* » en commentaire des photos Facebook de vos copines. Cette pratique doit cesser d'urgence.

Situation n° 44 :

“ Votre boss est en plein naufrage conjugal ”

Niveau de difficulté

Description de la situation :

Votre boss vient de se faire plaquer par sa femme. Pourquoi ? Parce qu'il a fricoté avec Sophie Gédi. Il faut être un peu déglingué du citron pour fricoter avec Sophie Géd , il faut bien le dire. D'abord parce qu'elle parle une octave plus bas que Louis Jouvet, et ensuite parce qu'elle n'a jamais été capable de dire autre chose que la vérité. Le résultat était couru d'avance : il a suffi d'une semaine pour que l'amourette soit éventée.

Le pauvre homme est en morceaux. Son épouse l'a flanqué à la porte du domicile conjugal et ne communique plus avec lui que par avocats interposés. Au bureau, tout le monde est au courant. Il y a même eu une descente d'huissiers dans l'open-space (la cocue voulait des preuves de l'adultère). Effrayée par tout ce tintouin, Sophie Gédi a donné sa démission et est partie dire la vérité ailleurs.

Vous avez suivi ces événements sans ciller. Vous n'avez pas modifié votre attitude d'un iota. Vous avez continué à sourire à votre boss, comme si de rien n'était, à lui poser des questions (professionnelles) dont vous savez déjà les réponses et à faire mine de vous passionner pour votre travail.

Je vous félicite pour cette posture. Elle est tout à votre honneur de fayot. Mais elle ressemble beaucoup trop à celle de ces domestiques du XVIIIe siècle qui, témoins de drames familiaux épouvantables, faisaient mine de n'avoir rien vu, rien entendu, quand bien même le bruit des baffes et des assiettes cassées résonnait jusqu'aux villages avoisinants, moyennant quoi ils sont connus pour être la plus belle corporation de faux-culs de l'histoire européenne.

De temps en temps, le parfait fayot doit aussi savoir se mouiller.

Ce qu'il faut faire :

Prendre votre boss dans vos bras et lui faire un gros câlin. Quittez le registre du fayotage froid, mental, et descendez dans celui de l'émotion et des sentiments. C'est ainsi que vous grappillerez des points (ou des galons) dans cette affaire.

Étape 1 : devenez son consolateur

Déboulez dans le bureau de votre N+1 avec un objectif tout simple : il faut qu'il pleure sur votre épaule. Pour cela, commencez par rapprocher votre épaule de l'endroit où il est. Ensuite, encouragez-le à dire ce qu'il a sur la patate. Il hésite ? Inventez-vous un drame personnel encore plus affligeant que le sien (histoire d'amour ratée avec une belette, etc.), payez-lui à boire et faites-lui écouter des musiques très tristes (cantate *Actus Tragicus* BWV 106 de J. S. Bach, *Nantes* de Barbara...). Envoyez la gomme ! Il faut qu'il CHIALE, bon sang !

Étape 2 : ramenez le soleil dans sa vie

Une fois qu'il s'est bien mouché dans vos vêtements, changez de rôle : transformez-vous en antidépresseur. Emmenez-le au théâtre. Racontez-lui des blagues. Offrez-lui les DVD de François l'embrouille. Cela ne suffira pas à le remettre d'aplomb puisque, rappelons-le, il vient de se faire lourder par sa femme à la suite d'une aventure avec une fille qui a la voix de Baloo. Mais avec un peu de doigté, vous deviendrez vite le rayon de soleil qui éclaire sa nuit... Il s'en souviendra.

Étape 3 : concluez

Deux hypothèses : soit il tient le coup professionnellement, soit il s'effondre.

• S'il tient le coup, vous avez gagné. Vous êtes son collaborateur préféré. Son fidèle grognard, celui qui l'a porté sur son dos lors de sa traversée du désert. À la vie, à la mort. Monnayez-moi ça comme il se doit.

• S'il s'effondre, vous avez gagné aussi. Car vous l'aurez vu venir. Peut-être même aurez-vous facilité la noyade. Vous aurez profité de sa faiblesse en le dépouillant de ses dossiers et de ses projets. Vous aurez recueilli son adoubement. Vous aurez pris sa place. Et vous lui aurez recommandé de prendre un congé sabbatique. Petit malin.

Ce qu'il ne faut surtout pas faire :

Faire des soirées « pyjama ice-cream » avec lui. Gardez un minimum de distance. Tout de même.

Situation n° 45 :

“ Vous avez navigué sur des sites coquins ”

Niveau de difficulté

Description de la situation :

– Je t'attends demain à 15 heures dans mon bureau. Il y a un problème dont il faut qu'on parle de toute urgence.

Lorsque votre boss a prononcé les mots « de toute urgence », vous avez senti que la situation était grave. Quelque chose dans sa voix qui vous a mis en alerte. Alors vous avez préparé votre riposte. Puis, à 15 heures, vous vous présentez devant elle[8].

– Écoute, souffle-t-elle sans quitter son stylo des yeux, ce que j'ai à te dire est assez embarrassant. Voilà : j'ai fait une analyse de notre réseau informatique et il semblerait que tu aies visité des sites Internet un peu… inappropriés.

– Tu… Tu es sûre que ça vient de mon ordinateur ?

– Regarde.

Elle vous tend une feuille de papier d'un air gêné. Les statistiques sont claires : vous avez ouvert quatre fois le site « *jeux-de-mains-jeux-de-coquins.com* » et neuf fois le portail « *cémonku.fr* »… Vous devenez rouge écarlate.

– C'est une faute grave, tu sais.

– Hein… ?

– Il y a de quoi démarrer une procédure de licenciement.

– Une procédure de… ?

– Mais il y a autre chose, souffle-t-elle. J'ai un autre papier à te montrer… Je l'ai trouvé ce matin sur ton bureau. Il n'était pas très bien caché.

« *Salut Bernard,*

Merci pour ton message. J'ajoute mes corrections et me l'imprime pour notre RDV de demain.

Sinon pour répondre à ta question le boulot ça va bof-bof : ma boss est une sacrée pétasse. Elle ne pense qu'à ses cheveux. Ou plutôt qu'à son cul. Tout le reste lui passe à des kilomètres. En fait, je me

---

8. Oui, ce coup-ci, votre boss est une femme. Bien galamment,

demande si sa tête ne serait pas remplie d'eau. J'essaie de monter un maximum de gens contre elle, de saboter ses initiatives, mais il n'y a pas grand monde pour me prêter main-forte... Tu sais pourquoi ? Parce qu'elle est soutenue au plus haut niveau. Eh oui... Elle connaît le Big Big Boss, et de façon plutôt intime, si tu vois ce que je veux dire... Quelle traînée. Enfin. Chacun ses armes. À moi, la compétence et à elle, le reste... Il faut bien des bosseurs pour remplir les bouches et des bouches pour vider les boss. La grande chaîne de la vie, quoi. »

Votre N+1 reprend la feuille de papier. Puis elle chuchote :

– Ce n'est pas très gentil, ce qui est écrit là.

– Non... soufflez-vous.

– La pauvre femme, elle ne mérite pas qu'on parle d'elle comme ça, hein ?

– Non.

– Il ne faudrait pas qu'elle découvre ce message ?

– Sûrement pas.

– Alors nous sommes d'accord : je mets ces deux feuilles de papier dans la broyeuse électrique et nous passons chacun une excellente fin d'après-midi ?

– C'est ça.

Ce qu'il faut faire :

Vous dire bravo. Vous avez admirablement récupéré la situation. Tout fayot que vous êtes, vous n'avez pas oublié la nécessité qu'il y a d'avoir toujours dans votre manche une botte secrète, une riposte, pour le cas où les circonstances l'exigeraient. Cet e-mail que vous avez intercepté à l'imprimante, un soir où votre boss était particulièrement fâchée après la sienne, vous l'avez conservé comme un trésor dans votre tiroir, pendant de longs mois... et vous l'avez ressorti au bon moment.

Soyez à l'affût de ce genre d'offrande. Faites le guet à proximité des imprimantes. Il en sort toujours des documents intéressants (grilles de salaires, etc.). Un bon fayot n'est pas un chou à la crème. C'est un animal carnivore, prévoyant et d'une indépassable fourberie.

Ce qu'il ne faut surtout pas faire :

Naviguer sur les sites « *jeux-de-mains-jeux-de-coquins.com* » et « *cémonku.fr* » avec votre ordinateur professionnel... Où avez-vous la tête ? D'autant que de mémoire, leurs vidéos sont payantes (et mal sonorisées).

“ Je vous aime de tout mon coeur ”

De Dom Juan à Charlotte, une jeune paysanne qu’il connaît depuis environ quatre minutes (*Dom Juan*, de Molière, 1665).

Situation n° 46 :

“ Votre boss se fait turluter sous vos yeux ”

Niveau de difficulté

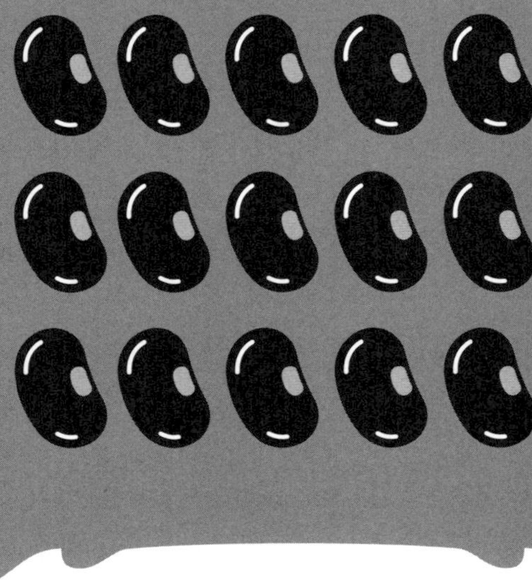

Description de la situation :

Votre boss est obsédé par le sexe. Il ne pense qu'à cela. C'est sa seule préoccupation. Il peut souffrir de fièvres, de lumbago, de dépression, il peut assister à une conférence sur le choléra ou à une projection de *Bambi 2*, rien ne saurait empêcher son cerveau de fabriquer des pensées licencieuses.

Bref, votre boss est un homme. Un homme comme les autres.

Mais votre boss est un grand professionnel : au bureau, il cache son jeu à la perfection. Jamais d'allusion salace. Jamais de geste déplacé. Jamais d'œil baladeur, non plus, quand bien même un décolleté insolent viendrait se pavaner à quelques centimètres de lui, à la faveur d'un ascenseur surpeuplé par exemple, ou par la grâce d'une pièce de lingerie diabolique par exemple.

Vous pensiez qu'il n'était pas un homme comme les autres... Jusqu'à ce fameux soir de juillet.

Les soirs de juillet sont très dangereux pour les couples. Les enfants sont en vacances. Les bureaux ressemblent à des saunas. Les femmes sont idéalement disposées pour l'amour. Quant à leurs conjoints, ils ont la sensation d'être des friteuses électriques. Seul détail, monsieur et madame ne travaillent pas au même endroit. D'où un contexte formidablement propice aux manœuvres adultérines.

20 heures. Vous venez de participer à un pot de départ convivial. Le champagne était délicieux. Vous n'avez pas vu l'heure passer. Le soleil décline. Les bureaux se sont vidés. Il ne reste plus grand monde à part vous. L'alcool aidant, l'open-space déserté vous semble largement moins hostile que d'habitude. Pour un peu, il aurait presque l'air agréable. Vous le balayez d'un regard impérieux. Pour ne pas dire dominateur.

Quand tout à coup... en levant les yeux, vous apercevez votre boss. « *Tiens ?* » vous dites-vous. « *Quelle drôle de tête il fait...* » Vous plissez les yeux, pour mieux cerner la situation. Vous le voyez, d'une façon bien distincte, debout, adossé contre la porte de son bureau, le regard vague, les épaules tombantes, la bouche ouverte... et... détail sans équivoque, le pantalon baissé sur les chevilles... « *Mais ce n'est pas possible !* » hurlez-vous intérieurement... « *Je rêve !* »

Les persiennes de son bureau sont closes. Mais la société de réparation de persiennes ayant fait son travail à moitié, on peut voir parfaitement, à travers l'angle supérieur droit de la vitre, ce qui se passe de l'autre côté.

Votre boss est aux anges. « *Encore !* » gémit-il. « *Encore !* »

Vous écarquillez les yeux... « *Quel scoop !* » vous dites-vous. « *Mais quel scoop ! Si on m'avait dit ce matin que je verrais mon boss en train de se faire turluter... Jamais je ne l'aurais cru...* »

Tout à coup, vous décidez d'accélérer. Vous embrayez de plus belle, parce que l'heure tourne, et parce qu'on ne sait jamais qui pourrait avoir l'idée d'apparaître de l'autre côté de la vitre, et parce que même s'il est profondément grisant d'être à la manœuvre, il ne faudrait pas vous donner de mauvaises courbatures à la mâchoire.

Ce qu'il faut faire :

Vous offrir une médaille. Homme ou femme, vous venez de repousser les limites de la discipline. Vous avez pratiqué le fayotage dans son acception la plus brute. La plus absolue. Bravo.

Ce qu'il ne faut surtout pas faire :

Sortir les incisives. Ou les canines. Ce ne serait vraiment pas gentil.

Situation n° 47 :

“ Vous fréquentez un club échangiste ”

Niveau de difficulté

Description de la situation :

Julien Trobien est un surhomme. Séducteur-né, tacticien surdoué, il se trouve être, en plus de tout le reste, aussi à l'aise avec son corps que les Chicken Run avec leurs crêtes. C'est dire.

Tous les mercredis soir, il emmène Davina Supernana (sa compagne) prendre un dernier verre au Patapon. Inutile de vous expliquer ce qu'est Le Patapon. Comme son nom l'indique plus ou moins, il s'agit d'un club où l'on pratique le « libertinage », façon gentille de dire que les gens s'y promènent sans vêtements et s'y emboîtent comme des morceaux de Tetris sur un fond musical conçu par des ingénieurs en électronique. Chacun sa vie, comme dirait Jeanne Calment[9].

Ce soir-là, Julien Trobien était à pied d'œuvre. Après une journée de fayotage d'une rare intensité, il s'apprêtait à satisfaire un souhait exprimé par sa moitié, consistant à utiliser tout ou partie de ses orteils dans un but difficilement explicable ici. Quand soudain, dans un coin sombre du boudoir surnommé « La Paëlla », il a aperçu un individu enveloppé dans le peignoir fourni par la maison, verre de sauternes à la main, sourire noir, entouré de deux jeunes créatures somptueuses. « *Tonnerre !* » s'est écrié Julien Trobien. « *C'est lui ! Le colonel Olrik !* » Mais non, je plaisante. Évidemment, ce n'est pas le colonel Olrik qui était assis là. C'était quelqu'un de beaucoup moins beau et de beaucoup moins fictif : c'était le Big Big Boss.

Voilà ce qui arrive quand on mène une vie de débauche.

Ce qu'il faut faire :

Vous rassurer. Si d'aventure, cette situation vous tombe dessus, il y a 88 % de chances que cela n'ait aucune incidence sur

---

9. Pas sûr que Jeanne Calment ait employé cette expression dans ce contexte précis, mais étant donné le nombre invraisemblable d'années qu'elle a vécues, la probabilité qu'elle l'ait prononcée au moins une fois peut être considérée comme égale à 1. Très vénérablement,

votre carrière. Car dans 88 % des cas[10], le Big Big Boss ignore parfaitement qui vous êtes. Si vous appartenez à cette majorité écrasante, pas d'inquiétude. Continuez ce que vous faisiez, car le brave monsieur est très occupé lui aussi et ne se soucie pas du tout de votre personne.

Mais si vous comptez parmi les 12 % restants... Alors bravo. Cela signifie que vous tutoyez les sphères hiérarchiques les plus élevées. Et que vous avez, ne le niez pas, fayoté à la perfection.

Julien Trobien appartient à cette catégorie. Évidemment. Le soir où cette rencontre a eu lieu, il s'est trouvé que le Big Big Boss l'a reconnu. Mais Julien Trobien est un héros. Il ne perd jamais son sang-froid. Lorsqu'il a rencontré le regard du grand manitou, il s'est levé, toutes affaires cessantes, a traversé la piste de danse, les mains dans rien, et est allé lui présenter ses hommages. Celui-ci a été fort touché. Cela se comprend. Imaginez que quelqu'un interrompe une partie gourmande uniquement pour venir vous faire la révérence... N'est-ce pas la plus splendide caresse que l'on puisse offrir à un ego ?

J'ignore ce qui est arrivé ensuite. Ce qui se passe au Patapon reste au Patapon. Mais si vous vous trouvez un jour à la place de Julien Trobien, ne ratez pas cette occasion d'affermir votre complicité avec le Big Big Boss. Puisque le bonhomme semble avoir l'esprit ouvert et que manifestement vous aussi, divertissez-vous comme des grandes personnes tout en jouant la carte du rapprochement. Tous les chemins mènent à Rome.

Ce qu'il ne faut surtout pas faire :

Sniffer un pot de moutarde de Dijon avec une paille.

10. Source : moi.

Ce qui est à moi est à toi

Situation n° 48 :

“ Votre boss croit que vous êtes du même bord que lui ”

Niveau de difficulté

Description de la situation :

Cette année, le séminaire d'été a lieu au bord de la mer. Le temps est radieux. Les dunes étincellent sous le soleil. Au moment de se mettre en maillot, les membres de l'équipe ont un peu froncé le nez, mais très vite, les inhibitions sont tombées. La petite troupe a passé l'après-midi à barboter dans une eau à 26 degrés, exception faite de Roselyne Claudine, qui a refusé de quitter son pull marron et qui a préféré occuper le temps en décorant le sable avec sa salive.

23 heures. Une soirée dansante s'improvise sur la plage. Salsa. Tequila. Vos collègues se lâchent. Vous aussi. Vous avez envie de danser, de montrer que vous n'êtes pas seulement un cerveau en cravate[11], mais aussi un concentré de charme et de sensualité.

Votre boss s'approche. Il a bu. Vous savez bien qu'il préfère les garçons[12]. Tout le monde est au courant, et tout le monde s'en fiche. Mais ce soir, il ne vous regarde pas comme d'habitude. Il a les yeux bêtes.

– Alors comme ça, vous lance-t-il, Madame adore la salsa ?

« *Madame* » ? Comment ça, « *Madame* » ?

– Qu'est-ce que tu dis ?

– Arrête, susurre-t-il... Ne fais pas semblant... Pas avec moi. Je les grille à 100 mètres.

Vous ne rêvez pas... Votre boss est persuadé que... Ça alors ! Vous pensiez pourtant avoir été clair... Au bureau, vous avez cent fois mentionné l'existence de votre « *meuf* »... Vous avez mille fois parlé de football sans lever les yeux au ciel...

– Écoute, dites-vous, je crois qu'il y a un malentendu...

– Arrête, coupe-t-il. Ne me dis pas que tu n'es pas au courant ? À ton âge... Tu n'as pas reçu la lettre ?

---

11. Oui, ce coup-ci, vous êtes un homme. Bien virilement,
12. Oui, lui aussi est un garçon. Bien tendrement,

– Quelle lettre ?

– Pfff… Elle fait l'innocente… Enlève ton masque, la tata !

Vous reculez d'un mètre. Vous êtes presque choqué. C'est la première fois que quelqu'un essaye de vous convaincre que vous êtes gay.

Et pour ne rien gâcher, ce quelqu'un est votre N+1.

Ce qu'il faut faire :

Éviter de réagir comme quatre-vingt-dix-neuf pourcent des mâles hétéros confrontés à cette situation. Ne dites pas : « *Tu m'as bien regardé ?* » en prenant une voix de joueur de paint-ball. Ne cherchez pas non plus à démontrer votre virilité en sautant sur la première femelle venue (surtout s'il s'agit de Roselyne Claudine).

Cessez d'être bête. Et prenez la mesure de la chance qui vous est donnée : votre boss voit en vous un pair. Un homologue. Qu'attendez-vous ? Jouez-en, bon sang de bois ! Cultivez-moi ce splendide terreau de complicité et faites-en quelque chose de positif pour votre carrière !

Il ne s'agit pas de dire : « *Tu as raison, mon caramel doux, allons faire un tour dans les dunes.* » Il s'agit simplement d'entretenir la confusion qu'il y a dans ses sentiments. Regardez votre boss dans les yeux et mettez un doigt sur votre bouche, comme pour lui dire : « *Chhhhut… C'est un secret…* » Faites une danse chaloupée et disparaissez dans la pénombre. Voilà. Ce n'est tout de même pas sorcier.

Une fois de retour au bureau, restez dans le non-dit. Ne changez rien à votre attitude puisque, apparemment, elle a suffi à lui faire croire ce qu'il croit. Envoyez-lui de temps à autre un clin d'œil ou deux. Prenez position en faveur de la cause gay (mariage, adoption, Scénic pour tous, etc.), mais sans en faire des tonnes. Offrez-lui des crèmes de jour. Vous et lui, désormais, avez bien plus en commun qu'un simple job…

Ce qu'il ne faut surtout pas faire :

Relâcher votre attention et dire tout haut dans l'open-space : *« Le Stade Français, quelle équipe de pédés ! »*

Situation n° 49 :

“ Votre boss a changé d’assistante ”

Niveau de difficulté

Description de la situation :

– Bonjour ! Je m'appelle Sabrina. Je suis la nouvelle assistante.

Mais… Quelle est cette vision de rêve ? Pourquoi Scarlett Johansson est-elle assise à la place de Roselyne Claudine ?

Vous manquez de tomber à la renverse. Jusqu'à ce jour, vous étiez convaincu que les bombes atomiques dans le genre de Sabrina n'avaient pas le droit d'occuper des emplois de bureau. Vous pensiez qu'une loi plus ou moins tacite les obligeait à travailler soit à la télévision, soit dans les magazines de mode, soit dans les boîtes de nuit. Eh bien non. On n'est jamais à l'abri d'une bonne surprise.

– Pour combien de temps êtes-vous là, Sabrina ?

– Le plus longtemps possible, répond-elle. Je suis en CDI.

En CDI ? Mais c'est formidable ! Un monde nouveau s'ouvre devant vous. Un monde où un 95 C push-up en porcelaine de Limoges est en exposition permanente à 10 mètres de votre bureau. Quel regard… Quelle cambrure… La belle vous a dit quatre phrases et vous avez déjà envie de tout plaquer pour refaire votre vie avec elle[13].

– Alors… À très bientôt, sans doute !

À peine avez-vous quitté son bureau que vous cherchez des prétextes pour y retourner. Pour nouer une complicité digne de ce nom, l'idéal serait d'y passer une tête mettons… une dizaine de fois par jour. Voyons… Une fois pour dire bonjour… une fois pour dire au revoir… Cela nous fait deux. Ensuite, il y aurait tous ces coucous inopinés, sans motif, que vous lui feriez tel James Bond à Miss Moneypenny. Quoi d'autre… Ah ! Au lieu de prendre vos rendez-vous avec votre boss via Outlook, vous n'aurez qu'à le faire par l'entremise de Sabrina ! Voilà qui est malin ! À ce propos… Pourquoi ne pas joindre l'utile à l'agréable ? Pourquoi n'utiliseriez-vous pas cette ravissante poupée pour faire passer vos flatteries et vos messages fayots à votre N+1 ? Ha ! Quelle idée ! Quelle idée lumineuse !

---

13. Oui, vous êtes un homme qui aime les femmes. Très amoureusement,

Ce qu'il faut faire :

Avoir honte de vous. Puis-je savoir pourquoi vous n'avez jamais eu cette « *idée lumineuse* » du temps de Roselyne Claudine ? Puis-je savoir, s'il vous plaît, pourquoi il a fallu que cette dernière disparaisse de la surface du globe et soit remplacée par Scarlett Johansson pour qu'enfin, après des années d'amnésie, vous vous rappeliez combien il est indispensable de FAIRE DU CHARME AUX ASSISTANTES ? Votre attitude est consternante.

Les petites portes ouvrent les grandes. Mettre les aides de camp dans votre poche, ce n'est pas une nécessité, c'est un devoir suprême. Et cela vaut aussi bien pour les aides de camp qui portent des vêtements violets et des orgelets de la même couleur.

Au lieu de couvrir Roselyne Claudine de regards dégoûtés, comme vous l'avez fait tout au long des quarante-huit chapitres qui précèdent, vous auriez dû lui FAIRE UN RENTRE-DEDANS DE TOUS LES DIABLES. Voilà ce que vous auriez dû faire. Si vous aviez réfléchi deux secondes, vous auriez visité son bureau chaque jour et lui auriez offert sa ration quotidienne de sourires. Vous auriez été le soleil de sa vie. Et croyez-moi, vous auriez été payé en retour... Vous auriez eu accès à des dossiers sensibles. À des informations stratégiques (salaires de vos collègues, licenciements en préparation, etc.). Vous auriez mis tout cela à profit. Vous auriez pris du galon. Et peut-être qui sait, à l'heure qu'il est, occuperiez-vous la place du Big Big Boss...

Et maintenant, faites ce que vous avez prévu. Allez voir Scarlett Johansson. Surtout, soyez tranquille : vous n'aurez aucune concurrence. Personne ne va avoir la même idée que vous. Personne ne va se ruer dans son bureau dix fois par jour avec la bave aux lèvres. Et puis, votre boss ne va pas du tout veiller sur elle comme un tigre du Bengale. Mais non.

Andouille.

Et au fait ? Vous êtes-vous un peu soucié du sort de Roselyne Claudine ? Savez-vous au moins ce qu'il est advenu d'elle ? Non ? Vous n'en avez aucune idée ?

Remarquez, moi non plus.

Ce qu'il ne faut surtout pas faire :

Engueuler comme du poisson pourri son lecteur qui n'a rien fait. Pour un professeur agrégé en fayotage… ce n'est pas une attitude très opportune.

Situation n° 50 :

" Vous épousez votre boss "

Niveau de difficulté

Description de la situation :

Ah, vous y avez pris goût !

Félicitations. Le fayotage est devenu pour vous une seconde nature. Une nouvelle peau. Vous êtes tellement épris de la discipline que vous avez décidé d'en étendre la pratique à l'intimité de votre foyer. C'est très gratifiant pour le professeur que je suis. Merci, vraiment... Et tous mes vœux de bonheur !

Avec ce mariage, vous allez économiser une quantité d'énergie considérable. Car désormais, au lieu de vous éreinter à plaire à la fois à votre boss ET à votre conjoint, vous allez concentrer tous vos efforts sur une seule et même cible. Un vrai calcul de « *cost-killer* ».

Mais attention... Mutualiser les moyens, cela ne veut pas dire vous simplifier la vie. Au contraire. Car épouser votre boss revient à verser une énorme rasade de désordre amoureux dans la science horlogère, patiente et délicate qu'est le fayotage au bureau. C'est votre droit de mélanger la passion et le calcul. Mais surveillez bien votre cocktail. Car s'il vous échappe... il pourrait bien vous péter au nez.

Avec votre histoire d'épousailles, nous touchons là à une dimension nouvelle du fayotage. Un fayotage auquel se mêlent des histoires de sentiments. D'ego. De tromperies. De poèmes. De fleurs sauvages. D'assiettes cassées. De belles-mères. De beaux-frères. De cousins. De bébés. De papas. De mamans... Car c'est là que commence le fayotage, finalement...

Ce qu'il faut faire :

Un livre dont le titre serait *Comment devenir un parfait fayot en famille*. Cela me paraît indispensable. Et l'allitération en « *f* » laisse présager de magnifiques chapitres qui seront autant de revanches éclatantes pour tous les gusses qui ont un cheveu sur la langue. Et ils sont nombreux, croyez-moi. Tout comme vous, d'ailleurs, chers lecteurs.

Vous l'avez compris. Ce dernier chapitre n'est rien d'autre qu'une habile glissade de la sphère professionnelle vers la sphère personnelle : après l'avoir partagée avec les salariés, les patrons et les spécialistes du management, il est urgent de mettre ma science au bénéfice des psychologues, des conseillers conjugaux et des thérapeutes de la famille. « *Fayoter en famille* »... Mon Dieu... Cela va être un carnage.

Ce qu'il ne faut surtout pas faire :

Faire croire à votre boss que vous avez un dégât des eaux chez vous pour pouvoir rentrer roupiller à la maison. Quelque chose me dit qu'il va découvrir la supercherie...

BONUS : FORUM DES MÉTIERS

Vous l'ignorez peut-être, mais tout le monde ne travaille pas dans un bureau. Il existe un tas d'autres univers professionnels plus ou moins colorés, plus ou moins divertissants, mais qui dans tous les cas nécessitent un véritable savoir-faire en matière de fayotage. Parce que le fayotage, quel que soit votre métier, c'est la clé du succès. Parce que le fayotage, c'est la vie. Voici quelques préceptes à l'usage d'autres corporations :

Vous êtes :	Quelques conseils pour bien fayoter
Coiffeur	S'extasier sur l'implantation du cheveu du client – Sur sa texture – Sur sa brillance – Demander au client comment il s'y prend pour traiter son cuir – Lui demander s'il veut bien être pris en photo pour servir de modèle – Lui faire croire que son heure de coiffure est un moment de création artistique intense – Lui dire qu'il ressemble à une célébrité italienne
Footballeur professionnel	Embrasser son maillot après un but – Faire croire que l'on est né dans la ville où l'on joue (même après cinq transferts) – Renverser de l'eau sur son maillot pour qu'il ait l'air mouillé – Casser le tibia de l'attaquant adverse sans dire pardon – Tirer la langue aux supporters de l'autre équipe – Faire des cœurs avec ses mains après un but – Gagner
Médecin	Accorder le congé maladie à tous les patients qui le demandent – Doubler les prescriptions de médicaments remboursés pour permettre aux patients de faire des stocks – Féliciter les gens pour leurs choix nutritionnels – Faire semblant de trouver chaque consultation intéressante (même s'il s'agit de la 1 247e angine de la journée) – Dire aux fumeurs que le tabac est bon pour la ligne – Tenir son stylo avec la main
Vendeur(se) de fringues	Répéter toute la journée « Nos vêtements taillent petit » – Faire l'effort d'être beau et bien bâti pour renvoyer une image positive au client – Dire à tous les clients qu'ils font des choix « parfaits », qu'ils ont des goûts « très sûrs » et des couleurs d'yeux insolites (« saphir », « sépia », « tourterelle », « brun terre de Sienne », etc.)

Vous êtes :	Quelques conseils pour bien fayoter
Conseiller bancaire	Faire croire à chaque client qu'il gère admirablement ses économies – Qu'il bénéficie d'un tarif préférentiel pour son package – Que ses découverts ne sont « pas si graves » – Qu'il ira loin dans la vie – Que vu son potentiel, son compte mériterait d'être suivi par le directeur d'agence voire par le directeur régional – Lui offrir des petits calendriers personnalisables
Serveur dans un restaurant	Sourire – Ne pas lever les yeux au ciel quand le client commande un plat du jour et une carafe d'eau – Inventer une formule autre que « Je peux vous encaisser ? » – Rendre la monnaie gentiment – Mettre à la poubelle cette serpillière qui sert à nettoyer les tables et on ne sait pas quoi d'autre
Chauffeur de taxi	Dire à chaque client « Une dernière course, c'est bien parce que c'est vous » – Féliciter les gens pour l'endroit où ils habitent – Leur dire qu'ils ressemblent à des célébrités américaines – Accepter la carte bancaire sans pleurnicher – Circuler aux heures où les gens en ont besoin
VRP	Dire à son boss que l'on est ravi de parcourir 150 000 kilomètres par an dans un break blanc sans autoradio, que l'on adore les sandwiches triangulaires, les soirées étapes, les portes dans la figure et le fait d'être surveillé en continu sur le nombre de prospects ciblés / contactés / visités / relancés / transformés
Pédiatre	Dire aux parents que leur enfant est adorable – Qu'il est précoce intellectuellement – Qu'il résiste de façon remarquable aux virus et aux bactéries – Que leurs choix d'éducation sont excellents – Qu'ils auraient intérêt à faire d'autres enfants tant « le moule est bon »
Hôtesse de l'air	Juste après le décollage, frapper à la porte du commandant de bord et lui demander s'il préfère une PPV (« petite pipe en vol ») ou une PPS (« petite pipe au sol »)
Moniteur de ski	Se casser la figure une fois par leçon pour décomplexer le skieur urbain – Mentir aux gens sur leurs défauts techniques – Leur dire systématiquement qu'ils ont eu la plus belle semaine de la saison – Que s'ils avaient vécu dans une région montagneuse, ils seraient probablement devenus champions (= invérifiable) – Donner la troisième étoile à tous les gosses
Plombier	Faire croire au client qu'il est normal de ne pas savoir remplacer un petit joint en caoutchouc de la taille d'une pièce de 5 centimes – Ne pas lui faire de réflexion à propos des cheveux blonds coincés dans les canalisations (alors que madame est brune) – Dire du bien du travail du plombier précédent – Présenter des factures décentes

Vous êtes :	Quelques conseils pour bien fayoter
Romancier	Écrire des phrases très simples et très courtes pour que le lecteur s'imagine qu'il aurait pu faire aussi bien – Créer des personnages « qui nous ressemblent » et leur faire réaliser des choses extraordinaires pour que le lecteur se prenne pour un héros – Dire à tous les gens qui racontent une anecdote tirée de leur vie : « Eurêka ! Tu viens de me donner l'idée de mon prochain roman ! »
Pilote de chasse	Dire à son colonel qu'on se tuerait volontiers pour lui (invérifiable aussi) – Peindre un petit portrait de lui sur la carlingue de son zinc à chaque avion ennemi abattu – Faire exprès de rater ses numéros de voltige pour flatter l'ego des spectateurs – Faire croire à tout le monde que pilote de combat est un métier à la portée du premier débile venu
Psychanalyste	Dire à chaque patient que sa vie mériterait un film – Que ses rêves sont incroyables d'originalité – Qu'en contrepartie de tout cela il paye le tarif de consultation le moins élevé de la clientèle
Chanteur à succès	Dire à son public qu'il est le plus bouillant de toute la tournée – Personnaliser ses chansons en fonction de la ville où l'on se trouve – Remercier la foule pour ses « vibes » et pour son « groove » (!?)
Tueur en série	Dire aux victimes qu'elles ont été enlevées parce qu'elles ont « quelque chose de spécial » – Leur faire croire qu'elles reverront très bientôt leurs familles – Les applaudir pour leur courage et leur façon de mourir
Agent immobilier, GO, astrologue, avocat, Cendrillon…	Impeccable. Rien à dire. Continuez comme ça.

QUIZ DE VALIDATION

Vous venez d'achever la lecture de ce livre. Vous avez appris des tas de choses précieuses tout en vous gobergeant de saillies divertissantes. C'est bien beau de lire. C'est bien beau de rire. Mais maintenant, il est temps d'agir. Avez-vous bien intégré mes enseignements ? Saurez-vous les mettre en application demain à 8 heures ? Interrogation surprise.

1. Mon boss est un dictateur terrifiant. Que dois-je faire ?

a) L'affronter

b) Le dénoncer à Amnesty International

c) Flatter son ego de monarque tout-puissant

d) Lui casser les genoux avec une barre à mine

2. Un bon fayot est d'abord et avant tout :

a) Un être d'une grande générosité

b) Un être d'une grande fourberie

c) Un être d'une grande ponctualité

d) Un être d'une grande sensibilité à l'autre

3. Un boss heureux est un boss :

a) Qui possède un immense bureau

b) Qui possède tout un tas de villas

c) Qui se sent aimé

d) Qui s'aime lui-même

4. Si le fayot était un aliment, il serait :

a) Un chou à la crème

b) Une friandise subtile aux goûts multiples et délicats

c) Un nectar de fruits d'été parsemé de saveurs pimentées aux innombrables variantes

d) Un haricot sec et stupide qui dégoûte à tout jamais les enfants de la cantine

5. Parmi tous les personnages de ce livre, l'exemple à suivre est :

a) Roselyne Claudine

b) Claudine Roselyne

c) Gontran Montignan

d) Julien Trobien

e) Sophie Gédi

f) Vous

6. Si mon médecin me signe un arrêt maladie :

a) Je le lui jette à la figure

b) Je l'envoie par courrier à la DRH et reste au lit pendant trois semaines

c) Je cours le brandir sous le nez de mes collègues pour prouver mon courage

d) Je le déchire en quatre morceaux et laisse traîner ceux-ci dans un endroit visible de mon supérieur hiérarchique

7. Ce qui compte, pour réussir une carrière, c'est :

a) D'être méritant

b) D'être créatif

c) D'être travailleur

d) D'être populaire

8. Si ma boss met au monde un enfant particulièrement disgracieux :

a) Je lui en fais la remarque en utilisant des comparatifs animaliers / culinaires

b) Je m'évanouis sous ses yeux

c) Je couvre le nouveau-né de compliments sirupeux et dégoulinants

d) Je couvre le nouveau-né de compliments crédibles et émouvants

9. Le parfait fayot est atteint d'une des pathologies suivantes. Laquelle ?

a) L'apathie

b) L'empathie

c) La pneumopathie

d) La psychopathie

10. Fayoter comme un dieu, cela nécessite :

a) De venir au monde avec un talent inné, comme Picasso

b) D'avoir des lunettes et une psychologie de grenouille, comme Gontran Montignan

c) De suivre les conseils de Benjamin Fabre, comme vous

d) D'être Dieu lui-même

RÉPONSES

1c – 2d – 3d – 4b&c – 5d – 6d – 7d – 8d – 9b – 10c

Votre avis est important

JE TIENS À REMERCIER :

Toutes les personnes qui composent mon entourage. Elles ont, d'une manière ou d'une autre, contribué à faire ce que je suis et donc, c'est mathématique, à élaborer le présent ouvrage. Merci à tous. Merci d'être ce que vous êtes et surtout restez vous-mêmes, c'est ainsi que vous continuerez d'être ce que vous avez toujours été. Special thanks to :

• Maud, qui partage ma vie depuis des temps immémoriaux, pour son incroyable sourire, pour ses incroyables yeux verts, pour son incroyable don pour la joie de vivre et à qui je ne dédie nullement le chapitre 17.

• Victoire et Théodore, qui partagent ma vie depuis un peu moins longtemps mais qui prennent une place considérable dans l'appartement et aussi dans mon cœur. N'abusez pas trop (avec moi) des conseils qu'il y a dans ce livre...

• Mes parents, pour leur amour de parents, pour la fratrie dont ils m'ont fait cadeau, pour m'avoir appris les bases de la diplomatie humaine et pour m'avoir transmis les valeurs de droiture et de travail auxquelles ce livre rend hommage de façon déguisée.

• Imogène, personnalité la plus douce du monde extrême-oriental, pour son énergie positive, pour son talent de coach, pour le Skype du vendredi et pour le balcon singapourien.

• Tancrède, qui fut le premier à m'encourager dans l'écriture, pour son talent de création, pour Mary-Jo, pour la femme à tête d'homme et pour tout ce que nous avons vécu ensemble (surtout les bons épisodes).

• Blache, une des personnalités les plus divertissantes du monde occidental, pour sa toute bonne tendresse, pour les complots de Robert et du Baron, pour les Caheux et pour les PFAGNS. Montre-leur qui tu es wooooooooooooooow.

• Deniou, jeune mitraillette à blagues, pour son cœur, pour ses mollets, pour sa capacité à reproduire avec sa bouche les 1 234 bruitages créés en studio par François Pérusse et aléva-céskidistousse (c'est du latin).

• Jeune Gilles, pour ses suggestions d'historien, et Capucinedupuy, pour son œil d'expert.

• Mes grands-parents, pour avoir créé les conditions préalables à l'existence de ce livre.

• Mes beaux-parents (bien sûr !), pour leur délicieux accueil (j'insiste sur le « délicieux »).

• Karine, mon éditrice, pour sa finesse et sa diplomatie... Elle est vraiment, vraiment formidable !

• Albert, pour ses dessins pleins de fraîcheur et de grâce (surtout celui du chapitre 47).

• Mon ordinateur, un PC portable Lenovo ThinkPad R500 équipé d'Intel Centrino, dont les touches sont douces et délicates (pas sûr qu'il soit utile de fayoter avec un clavier d'ordinateur, mais sait-on jamais).

• Le monde du travail, et plus particulièrement les architectes de Paris - La Défense qui méritent des tas de médailles, ainsi que l'inventeur de l'open-space, un vrai champion.

• Et bien sûr tous les boss que j'ai eus dans ma carrière, au premier rang desquels Olivier et Édouard qui sont GÉNIAUX ♥♥♥

Découvrez aussi, aux éditions Tut-tut

Découvrez aussi, aux éditions Tut-tut

Achevé d'imprimer en août 2013
sur les presses de la **N**ouvelle **I**mprimerie **L**aballery
58500 Clamecy
Dépôt légal : août 2013
N° d'impression : 305126

Imprimé en France

La **N**ouvelle **I**mprimerie **L**aballery est titulaire de la marque Imprim'Vert®